ㅋ	ㅌ	ㅍ	ㅎ	ㄲ	ㄸ	ㅃ	ㅆ	ㅉ	合 成 母音字
카 カ	타 タ	파 パ	하 ハ	까 ッカ	따 ッタ	빠 ッパ	싸 ッサ	짜 ッチャ	애 エ
캬 キャ	탸 ティャ	퍄 ピャ	햐 ヒャ	꺄 ッキャ	땨 ッティャ	뺘 ッピャ	쌰 ッシャ	쨔 ッチャ	얘 イェ
커 コ	터 ト	퍼 ポ	허 ホ	꺼 ッコ	떠 ッт	뻐 ッポ	써 ッソ	쩌 ッチョ	에 エ
켜 キョ	텨 ティョ	펴 ピョ	혀 ヒョ	껴 ッキョ	뗘 ッティョ	뼈 ッピョ	쎠 ッショ	쪄 ッチョ	예 イェ
코 コ	토 ト	포 ポ	호 ホ	꼬 ッコ	또 ット	뽀 ッポ	쏘 ッソ	쪼 ッチョ	와 ワ
쿄 キョ	툐 ティョ	표 ピョ	효 ヒョ	꾜 ッキョ	뚀 ッティョ	뾰 ッピョ	쑈 ッショ	쬬 ッチョ	왜 ウェ
쿠 ク	투 トゥ	푸 プ	후 フ	꾸 ック	뚜 ットゥ	뿌 ップ	쑤 ッス	쭈 ッチュ	외 ウェ
큐 キュ	튜 テュ	퓨 ピュ	휴 ヒュ	뀨 ッキュ	뜌 ッテュ	쀼 ッピュ	쓔 ッシュ	쮸 ッチュ	워 ウォ
크 ク	트 トゥ	프 プ	흐 フ	끄 ック	뜨 ットゥ	쁘 ップ	쓰 ッス	쯔 ッチュ	웨 ウェ
키 キ	티 ティ	피 ピ	히 ヒ	끼 ッキ	띠 ッティ	삐 ッピ	씨 ッシ	찌 ッチ	위 ウィ
									의 ウィ

"まちがいや、かんちがいから学ぶ韓国語"

韓国語学習者はかんちがいの達人!?

金珉秀 著

駿河台出版社

はじめに

○ 見方を変えましょう！

　自己紹介の時にいきなりみんなの前で「뽀뽀 좋아해요(チューが好きです)」と堂々とカミングアウトされたら、先生方や学生たちは多少戸惑うかもしれません。本当は「폭포 좋아해요(滝が好きです)」と言いたかったのにといくら嘆いても、もう言ってしまったものは後の祭りです。

　でも、でも、このような恥ずかしいことを言ってしまったときも見方を変えると、もう1つ韓国語の表現を身に付けたとポジティブに考えることができます。

○ その間違い、その勘違い、今日から全部使えます！

　実際の教育現場や日常生活でよく起こる発音・文法・表現の間違いや勘違い。以前から、その間違い、捨てるのはもったいない！と思っていました。その勘違い、おもしろい！と思っていました。そして、それをみなさんの韓国語の勉強につなげられたらと思い、この本を書きました。

　本書では『間違いだっておもしろい！わらってわらって韓国語』(2007)に収まらなかった内容やホヤホヤの新しい間違いを掲載しました。

　危うく捨てられるところだったその間違い、その勘違い、今日から全部使いましょう！間違いや勘違いを恥ずかしがらずに楽しく韓国語を学んでいきましょう！間違いや勘違いの中にだって、きっと新しい発見があるはずです。

○ この本の見方

　よく起こる間違いや勘違いをイラストで分かりやすく説明しました。またどこから読んでも大丈夫です。イラストの最初のカットには全体の場面が描かれています。次のカットでは、OK場面の正しい表現とNG場面の間違った表現を一目で比較できるようになっていて、同時に2つの表現が身に付けられます。NG場面の間違った表現も別の場面では使えるので一石二鳥です。

　また、コラムでは語彙や表現だけでなく、みなさんがまだ知らない韓国についても知ることができます。さらに、各章の前には韓国の「なぞなぞ」を載せているので、ちょっとしたひと休みもできます。

OK	NG
실제 악기로 연주해요.	실제 아기로 연주해요.

○ 笑いながら韓国語力を！

　日本語と韓国語は、語彙も発音も文法もよく似ているので、ほかの外国語に比べ、学びやすいのです。同時に、似ているからこそ、間違いや勘違いもよく起こります。

　この本を読みながら、みなさんもきっと同じ間違いや勘違いをしたことに気づくかもしれません。

　それでは、この本を読みながら、いっぱいいっぱい笑ってください。

　それから、何度も何度も読み直して、また笑ってください。

　そしたら、読んだ分だけ韓国語が身に付くでしょう。

　きっと、笑った分だけ韓国語が身に付くでしょう。

　最後に、本書を刊行するにあたり、企画を最初から見守っていただき、ご尽力いただいた駿河台出版社の関係者諸氏のご協力に感謝いたします。特に、上野名保子氏、編集長の浅見忠仁氏、イラストレーターのヨムソネ氏、駐日韓国文化院世宗学堂の事務局長韓淑氏には大変お世話になりました。心から感謝申し上げます。

2013年　春

金珉秀

もくじ

003		はじめに
013	**第1章**	**あいさつ**
014	Episode1	저는 회사원입니다. 私は会社員です。
016	Episode2	잘 부탁합니다. よろしくお願いします。
018	Episode3	저는 단신 부임으로 왔어요. 私は単身赴任で来ました。
020	Episode4	결혼 사진이에요. 結婚写真です。
022	Episode5	전 가족하고 같이 살아요. 私は家族と一緒に住んでいます。
024	コラム	熊みたいな人
027	**第2章**	**ショッピング①**
028	Episode1	만져 봐도 돼요? 触ってみてもいいですか?
030	Episode2	노란색 없어요? 黄色、ありませんか?
032	Episode3	이것도 발찌예요? これもアンクレットですか?
034	Episode4	껌은 어디에 있어요? ガムはどこにありますか?
036	Episode5	저 짐 좀 들어 주세요. あの荷物をちょっと持ってください。
038	コラム	イノシシが侵入したコンビニに人々が殺到

041	第3章	食事
042	Episode1	잘 먹겠습니다. いただきます。
044	Episode2	찌개가 좀 짠 것 같네요. チゲが少し塩辛いと思いますよ。
046	Episode3	김밥을 먹었어요. のり巻きを食べました。
048	Episode4	저는 빵에 꿀을 발라 먹어요. 私はパンにハチミツを塗って食べます。
050	Episode5	김치 더 주세요. キムチをもっとください。
052	コラム	おばさんパーマ、お願いします。

055	第4章	病気
056	Episode1	약 사러 가요. 薬を買いに行きます。
058	Episode2	우리 집 강아지가 병이 나서 죽었어요. うちの子犬が病気になって死にました。
060	Episode3	배탈이 났어요. お腹を壊しました。
062	Episode4	모기한테 물렸어요. 蚊に刺されました。
064	Episode5	아들 병에 대해서 알고 싶은데요. 息子の病気について知りたいのですが。
066	コラム	耳がかゆくなるとどうなるの？

もくじ

069	第5章	会社で
070	Episode1	대망의 여자 친구가 생겼어요. 待望の彼女ができました。
072	Episode2	여자 친구가 통통하네요. 彼女がぽっちゃりですね。
074	Episode3	대회에서 상을 받았어요. 大会で賞をもらいました。
076	Episode4	돈을 벌었어요. お金を稼ぎました。
078	Episode5	장난 전화예요. いたずら電話です。
080	コラム	ギラギラひかるお空の星よ

083	第6章	友達とおしゃべり①
084	Episode1	저는 이 극장을 좋아해요. 私はこの映画館が好きです。
086	Episode2	식초 좀 주세요. お酢をください。
088	Episode3	이건 흙으로 만들었어요 これは土で作りました。
090	Episode4	예를 들어 주세요. 例を挙げてください。
092	Episode5	뭐가 틀렸어요? 何が間違っていますか?
094	コラム	韓国語学習者は韓国語方言の達人?

097	**第7章**	**ニュース**
098	Episode1	동메달을 땄습니다. 銅メダルを獲りました。
100	Episode2	특히 세일 기간에는 손님들이 많이 온다고 합니다. 特に、セール期間中はお客さんがたくさん来るそうです。
102	Episode3	전국 노래 자랑 全国のど自慢
104	Episode4	이번 크리스마스 때는 눈이 오면 좋겠습니다. 今度のクリスマスには雪が降ってほしいです。
106	Episode5	이상입니다. 以上です。
108	コラム	一番うさんくさい傘

111	**第8章**	**電話**
112	Episode1	꼭 갈게요. 必ず行きますね。
114	Episode2	버스가 안 와요. バスが来ません。
116	Episode3	여긴 관광객들이 많네요. ここは観光客が多いですね。
118	Episode4	찻잔을 네 개만 빌려 주세요. ティーカップを4個だけ貸してください。
120	Episode5	들어가세요. (電話を切るときに) さようなら。
122	コラム	おばあちゃん、長生きしていますね。

125	**第9章**	**SNS**	
126	Episode1	화장실 앞에서 만나요.	
		トイレの前で会いましょう。	
128	Episode2	왼쪽으로 가다가 오른쪽으로 가세요.	
		左に行って、右に行ってください。	
130	Episode3	카페오레 스몰요.	
		カフェオレ、スモールお願いします。	
132	Episode4	사진을 많이 찍었어요.	
		写真をたくさん撮りました。	
134	Episode5	그저 죄송합니다.	
		大変申し訳ございません。	
136	コラム	笑う門には福来る。	

139	**第10章**	**ショッピング②**	
140	Episode1	이것도 주세요.	
		これもください。	
142	Episode2	예쁜 자를 사려고요.	
		かわいい定規を買おうと思っています。	
144	Episode3	이거 싸 주세요.	
		これ包んでください。	
146	Episode4	찐빵 한 개에 얼마예요?	
		あんまん、1個、おいくらですか?	
148	Episode5	집에서 피자를 만들었어요.	
		家でピザを作りました。	
150	コラム	信じるか信じないかはあなた次第です。	

153	**第11章**	**韓国語の授業で**
154	Episode1	저녁에 스튜를 먹을 거예요. 夜、シチューを食べるつもりです。
156	Episode2	전 이 친구가 부러워요. 私はこの友達がうらやましいです。
158	Episode3	고향 집에 갔다 왔어요. 実家に行ってきました。
160	Episode4	선생님, 감탄했어요. 先生、感心しました。
162	Episode5	선생님께 先生へ
164	コラム	メールや手紙の書き方

167	**第12章**	**友達とおしゃべり②**
168	Episode1	실제 악기로 연주해요. 実際の楽器で演奏します。
170	Episode2	군대에서 포복 연습을 했어요. 軍隊で匍匐練習をしました。
172	Episode3	뿔테 안경을 샀어요. 角縁メガネを買いました。
174	Episode4	어제 아이가 처음으로 기었어요. 昨日、赤ちゃんが初めてハイハイしました。
176	Episode5	저는 벌레를 좋아해요. 私は虫が好きです。
178	コラム	ちょこっと脳トレーニング

| 180 | なぞなぞの答え・索引 | |

なぞなぞ

Q1. 사람에게도 있고, 바다에도 있고, 과일에도 있는 것은?

人にもあって、海にもあって、果物にもあるものは？(答えは p.180)

第1章
あいさつ

年明けから心機一転!
お仕事も韓国語の勉強も頑張りま〜す!

あれ?
この韓国語、合ってるんだっけ?

韓国語、ずっと続けていればよかったぁ〜
といまさら後悔してもしょうがないし、
今日からまた頑張ろうっと!

EPISODE 1

저는 회사원입니다.
私は会社員です。

처 VS 저

引越しのご挨拶

OK

저는 회사원입니다.

NG

처는 회사원입니다.

あいさつ 第1章

CD-02

EXERCISE

ㅈ

チョヌン フェサウォニムニダ
저는 회사원입니다.　　　私は会社員です。

チョヌン テハクセンイムニダ
저는 대학생입니다.　　　私は大学生です。

チョヌン コンムウォニムニダ
저는 공무원입니다.　　　私は公務員です。

ㅊ

チョヌン フェサウォニムニダ
처는 회사원입니다.　　　妻は会社員です。

チョヌン チュブイムニダ
처는 주부입니다.　　　妻は主婦です。

チョヌン キョサイムニダ
처는 교사입니다.　　　妻は教師です。

MEMO

「저는(私は)」の「저(私)」は、発音するときに息がほとんど出ない平音です。一方、「처는(妻は)」の「처(妻)」は発音するときに息が強く出る激音で、「저(私)」より高めで発音します。最初は手のひらを口に当てて息が出ることを確認しながら発音すればいいです。

日本語では清音と濁音(たとえば「か」と「が」)は意味を区別する要素になりますが、息の有無は意味を区別する要素ではありません。そこで、韓国語の平音と激音の発音を間違えてしまう場合が特に多いですが、韓国語は息が出るか出ないかによって意味が変わってしまいます。激音の場合は息が出ることを心がけながら発音しましょう。

EPISODE 2

잘 부탁합니다.
よろしくお願いします。

잘 VS 절

会社で

OK

잘 부탁합니다.

NG

절 부탁합니다.

EXERCISE

チャル　プタカムニダ
잘 부탁합니다.
よろしくお願いします。

チョナ　プタカムニダ
전화 부탁합니다.　　　電話、お願いします。

ヨルラク　プタカムニダ
연락 부탁합니다.　　　連絡、お願いします。

モニンコル　プタカムニダ
모닝콜 부탁합니다.
　　　　　　　　　モーニングコール、お願いします。

チョル　プタカムニダ
절 부탁합니다.　私をお願いします。

MEMO

　母音「ㅏ」と「ㅓ」の間違いはよく見られるスペルミスです。韓国語は母音の短い線の向きによってまったく違う意味になってしまうので、書くときには特に気をつけましょう。

　「절(私を)」は「저를」の縮約形ですが、「저(私)」は謙譲語で、目上の人や初対面の人などに使う改まった表現です。一方、対等・目下の人には「나(私)」を使いますが、会話では「나를(私を)」の縮約形「날」をよく使います。また、会話では「저는(私は)」は「전」、「나는(私は)」は「난」、「저에게(私に)」は「제게」、「나에게(私に)」は「내게」のように縮約される場合が多いです。

EPISODE 3

저는 단신 부임으로 왔어요.
私は単身赴任で来ました。

단신 VS 당신

私は……

OK	NG
단신 부임으로 왔어요.	당신 부인으로 왔어요.

あいさつ 第1章

CD-04

EXERCISE

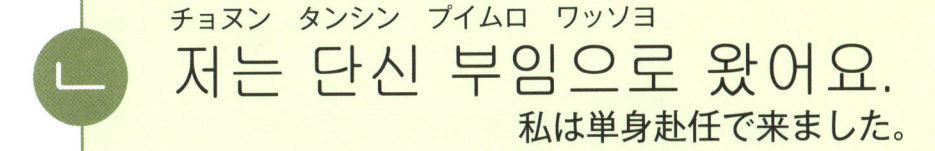

ㄴ
チョヌン　タンシン　プイムロ　ワッソヨ
저는 단신 부임으로 왔어요.
私は単身赴任で来ました。

ㅇ
チョヌン　タンシン　プイヌロ　ワッソヨ
저는 당신 부인으로 왔어요.
私はあなたの奥さんとして来ました。

MEMO

「단신(単身)」と「당신(あなた)」、「부임(赴任)」と「부인(夫人)」のように、パッチム「ㄴ、ㅁ、ㅇ」はその発音を間違えると意味が変わってしまいます。

韓国語のパッチム「ㄴ、ㅁ、ㅇ」は、すべて日本語の「ん」に当たる音ですが、発音する際の舌の位置がポイントになります。「ㄴ」は「あんない」の「ん」と同じで、舌の先を上の歯茎の裏側に付けて発音します。「ㅁ」は「さんま」の「ん」の発音と同じで、唇を閉じる音です。そして、「ㅇ」は「りんご」の「ん」の発音と同じで、舌はどこにも付けません。したがって、「단신」の「단」は「たんに」の「たん」と同じく舌の先を上の歯茎の裏側に付けて発音します。また、「부임」の「임」は「インパクト」の「イン」のように唇をちゃんと閉じて発音し、「부인」の「인」は「インド」の「イン」と同じく舌の先を上の歯茎の裏側に付けて発音しましょう。

EPISODE 4

결혼 사진이에요.
結婚写真です。

사진 VS 사전

それは……?

OK	NG
결혼 사진이에요.	결혼 사전이에요.

あいさつ 第1章

CD-05

EXERCISE

진

キョロン サジニエヨ
결혼 사진이에요. 結婚写真です。

イパク サジニエヨ
입학 사진이에요. 入学写真です。

チョロプ サジニエヨ
졸업 사진이에요. 卒業写真です。

전

キョロン サジョニエヨ
?결혼 사전이에요. ?結婚辞典です。

クゴサジョニエヨ
국어사전이에요. 国語辞典です。

ペックァサジョニエヨ
백과사전이에요. 百科事典です。

MEMO

　韓国では結婚式の数週間前に結婚写真を撮りますが、何着もお色直しをしながらスタジオや野外で撮るので、普通、撮影は一日がかりです。そして、その中から選び抜かれた最高の写真でアルバムを作ります。また結婚式当日に取った写真もアルバムにしますが、そのアルバムの写真の中から一番お気に入りの写真を大きく引き伸ばして、新居のリビングや部屋に飾る人も多いです。

　韓国の結婚「사진(写真)」は、辞典のように分厚いものになるので、見た目には「사전(辞典)」のように見えるかもしれませんね。

EPISODE 5

전 가족하고 같이 살아요.
私は家族と一緒に住んでいます。

가족 VS 가축

休憩室で

누구하고 사세요?

OK
가족하고 같이 살아요.

NG
가축하고 같이 살아요.

あいさつ 第1章

CD-06

EXERCISE

チョン カジョカゴ カチ サラヨ
전 가족하고 같이 살아요.
私は家族と一緒に住んでいます。

チョン プモニマゴ カチ サラヨ
전 부모님하고 같이 살아요.
私は両親と一緒に住んでいます。

チョン チングハゴ カチ サラヨ
전 친구하고 같이 살아요.
私は友達と一緒に住んでいます。

チョン カチュカゴ カチ サラヨ
전 가축하고 같이 살아요.
私は家畜と一緒に住んでいます。

MEMO

　母音「ㅗ」を「ㅜ」と混同して書いてしまう場合が多いので、気をつけましょう。また、「ㅈ」は、発音するときに息がほとんど出ない平音です。一方、「ㅊ」は発音するときに息が強く出る激音で、「ㅈ」より高めで発音します。
　ところで、語頭での「ㅈ」の発音は[tʃ]ですが、母音の後では濁って[dʒ]と発音します(有声音化)。そこで、たとえば「족발(豚足)」の「족」は[チョク]と発音しますが、「가족(家族)」の「족」は[チョク]ではなく[ジョク]と発音します。一方、「가축(家畜)」の「축」のような激音は現れる位置に関わらずいつも「チュク」と発音します。

コラム

熊みたいな人

　みなさんは「熊みたい(곰 같다)」というと、どういうイメージをお持ちですか？身体が大きくて毛深い人をイメージする方も、プーさん、テディベア、リラックマのようにかわいらしいキャラクターをイメージする方もいらっしゃるでしょう。また、最近はご当地キャラクターとして人気が出た熊本のクマモンなどもあって、みなさんは熊に対して様々なイメージをお持ちだと思います。

　では、韓国ではどうでしょうか。韓国でも身体が大きくて毛深い人に対して「熊みたい(곰 같다)」という人もいますが、「熊みたい(곰 같다)」は一般的に行動が遅くて鈍い人、のろま、愚か者を例える場合に使います。実際は賢くて物凄く速く走れて、動物園で器用に棒を振り回す熊もいたり、２本足で立ちながら餌を催促する熊もいたりするのですが、韓国ではどうしてこのようなイメージが付いたのでしょうか。

　韓国の建国神話によると、神様から洞窟の中で100日間ヨモギとニンニクを食べると人間になると聞かされたトラと熊がいたのですが、トラはたった３日で逃げ出したにもかかわらず、熊は最後まで耐え抜いて人間になったそうです。このことから我慢強いけど、逆にいえば鈍いというかそこまでやるかという意味で愚か者というイメージが付いたのだと思われます。また、ずる賢くて計算高い女の人に対しては「キツネみたい(여우 같다)」といいます。この表現は場合によっては気さくで愛想がよい人に対しても使います。

　ところで、韓国では彼女、彼氏がいない人が冬に一番欲しいものはマフラーだといいます。男の人は「여우 목도리(キツネマフラー)」、女の人は「늑대 목도리(オオカミマフラー)」が欲しくなりますが、ここでいう「マフラー(목도리)」は「恋人」を意味します。女の人は「キツネ(여우)」に、男の人は「オオカミ(늑대)」によく例えられることからこういう表現ができたのです。

このように韓国での動物のイメージは日本と違っていたり、どういうイメージなのか想像すらできなかったりするものもあります。
　それでは、韓国の動物関連の表現を見て、どういうイメージなのか当ててみましょう。

まず、初級編です。

1. 호랑이 선생님(トラ先生)	a. 匂いをよく嗅ぐ人
2. 토끼눈(ウサギ目)	b. 怖い先生
3. 개코(犬の鼻)	c. 充血している目

次は、中級編です。

1. 청개구리(アマガエル)	a. カラスの行水
2. 벌떼(ハチの群れ)	b. 群がり集まる人々
3. 고양이 세수하기(猫の洗顔)	c. あまのじゃく

最後に、高級編です。

1. 미꾸라지(ドジョウ)	a. 都合が悪いとずるく逃げる人
2. 새가슴(鳩胸)	b. やらなくてもいいことを無駄にやらせること
3. 똥개 훈련(雑種犬の訓練)	c. 度胸のない人

正解
【初級編】1-b、2-c、3-a、【中級編】1-c、2-b、3-a、【高級編】1-a、2-c、3-b

なぞなぞ

Q2. 아기 때는 울지 않고 어른이 되어서
    우는 것은?

赤ちゃんのときは泣かずに、大人になってから
泣くのは？（答えはp.180）

第2章
ショッピング①

お買い物～お買い物～。
今日は久しぶりに友達と買い物に出かけました。

でもでも、
本当の目的は友達の助けなしで韓国語をしゃべることです。

私の韓国語、ちゃんと通じるのかなぁ～。

EPISODE 1

만져 봐도 돼요?
触ってみてもいいですか？

만져 VS 먼저

デパートで

OK

만져 봐도 돼요?

NG

먼저 봐도 돼요?

ショッピング① 第2章

CD-07

EXERCISE

ㅏ

マンジョ ボァド ドェヨ
만져 봐도 돼요 ? 触ってみてもいいですか？

イボ ボァド ドェヨ
입어 봐도 돼요 ? 着てみてもいいですか？

シノ ボァド ドェヨ
신어 봐도 돼요 ? （靴を）履いてみてもいいですか？

ッソ ボァド ドェヨ
써 봐도 돼요 ? かぶってみてもいいですか？

ㅓ

モンジョ ボァド ドェヨ
먼저 봐도 돼요 ? 先に見てもいいですか？

MEMO

　韓国のことわざに「아 다르고 어 다르다(아が違って、어が違う)」というものがあります。これは「아」と「어」は見た感じでは似ているようで、大した違いがないように見えますが、言い方によって相手の受け取り方がまったく違うということを表します。つまり、ものは言いようだという意味です。ことわざにも登場するくらい、韓国語の母音は縦の線と横の線の有無や向きによって意味が変わります。単語を覚えたり、書いたりするときはこのような短い線にも注意しましょう。次の例も母音「ㅏ」と「ㅓ」の違いによって意味が変わるものです。

- 작다(小さい)：적다(少ない)
- 사다(買う)：서다(立つ)
- 남다(余る、残る)：넘다(超える)
- 날다(飛ぶ)：널다(洗濯物などを干す)

EPISODE 2

노란색 없어요?
黄色、ありませんか？

노란색 VS 노란 새

セレクトショップで

OK	NG
노란색 없어요?	노란 새 없어요?

EXERCISE

_{ノランセㇰ オプッソヨ}
노란색 없어요?
黄色、ありませんか？

_{ハヤンセㇰ オプッソヨ}
하얀색 없어요?　　　白色、ありませんか？

_{ッカマンセㇰ オプッソヨ}
까만색 없어요?　　　黒色、ありませんか？

_{ッパルガンセㇰ オプッソヨ}
빨간색 없어요?　　　赤色、ありませんか？

_{パランセㇰ オプッソヨ}
파란색 없어요?　　　青色、ありませんか？

_{ノラン セ オプッソヨ}
노란 새 없어요?
黄色い鳥はいませんか？

MEMO

　日本語は語尾が「っ」のような詰まる音で終わる単語がないので、日本語話者は韓国語のパッチム「ㄱ[k]」をしっかり発音しない場合が多いです。しかし、韓国語ではパッチムがあるかないかによって意味が変わってくるので、発音に注意しましょう。パッチム「ㄱ」を発音するとき、舌はどこにも付きません。「색」は「せっきょく」の「せっ」を発音するときと同じく舌を奥に引っ込めて発音すればOKです。

　ちなみに、会話では「노란색 없어요? [노란새겁써요]」のように連音化して発音する場合もあります。

EPISODE 3

이것도 발찌예요?
これもアンクレットですか？

발찌 VS 팔찌

アクセサリーショップで

OK	NG

ショッピング① 第2章

CD-09

EXERCISE

ㅂ

イゴット　パルッチエヨ
이것도 발찌예요?
　　　　　　　これもアンクレットですか？

イゴット　モッコリエヨ
이것도 목걸이예요?　これもネックレスですか？

イゴット　クィゴリエヨ
이것도 귀걸이예요?　これもイヤリングですか？

イゴット　パンジエヨ
이것도 반지예요?　　　　これも指輪ですか？

ㅍ

イゴット　パルッチエヨ
이것도 팔찌예요?
　　　　　　　これもブレスレットですか？

MEMO

　平音「ㅂ」は母音やパッチム「ㄴ、ㄹ、ㅁ、ㅇ」の後では [b] と発音しますが(有声音化)、語頭では [p] と発音します。一方、激音「ㅍ」はどこに現れてもいつも息が強く出る音 [pʰ] で、平音「ㅂ」より勢いよく高めで発音します。

　ところで、日本語には息が出るかどうかは語の意味を区別する要素ではないので、日本語話者には語頭の平音「ㅂ」と激音「ㅍ」の区別がつかず、同じ音に聞こえるかもしれません。そこで、実際の発音の際にも語頭の平音「ㅂ」を激音「ㅍ」として発音してしまう場合がよくありますが、息が出たら韓国人の耳には激音「ㅍ」と聞こえてしまいます。

EPISODE 4

껌은 어디에 있어요?
ガムはどこにありますか？

껌 VS 검

コンビニで

OK

껌은 어디에 있어요?

이쪽에 있습니다!

NG

검은 어디에 있어요?

어, 없어요!

CD-10

EXERCISE

ㄲ
ッコムン オディエ イッソヨ
껌은 어디에 있어요?
ガムはどこにありますか？

ㄱ
コムン オディエ イッソヨ
검은 어디에 있어요?
剣はどこにありますか？

MEMO

「검(剣)」の「ㄱ」は平音ですが、「껌(ガム)」の「ㄲ」は喉を緊張させて発音する濃音です。濃音を発音するときは平音の前に促音「ッ」を入れて発音すればいいです。そこで、「검(剣)」は「コム」、「껌(ガム)」は「ッコム」と発音します。

さて、「껌(ガム)」関連の言葉に「껌값」と「껌딱지」というものがあります。これらは辞書には載っていませんが、「껌값(ガムの値段)」はとても安い物の値段を示すときに使います。たとえば、「이 정도 돈이야 껌값이지(これくらいのお金は微々たるものだよ)」など。

また、「껌딱지」は道端やアスファルトにくっついているなかなか取れないガムのことを意味しますが、「ガム」を指す意味だけでなく、ピタッとくっついて絶対に離れない様子を表すときにも使います。たとえば、「껌딱지 커플(カップル)、껌딱지 부부(夫婦)、껌딱지 친구(友達)、껌딱지 아들(息子)」などのように人に使うと、いつもくっついていて離れようとしない様子を表し、仲良しであることを意味します。

EPISODE 5

저 짐 좀 들어 주세요.
あの荷物をちょっと持ってください。

짐 VS 집

街で

OK

저 짐 좀 들어 주세요.

NG

저 집 좀 들어 주세요.

EXERCISE

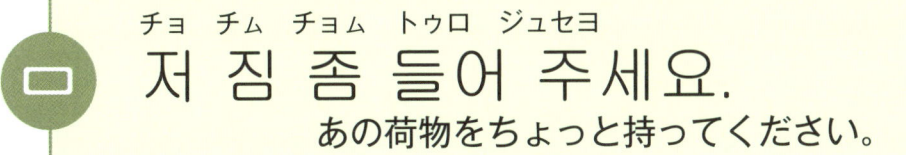

ㅁ
チョ　チム　チョム　トゥロ　ジュセヨ
저 짐 좀 들어 주세요.
あの荷物をちょっと持ってください。

ㅂ
チョ　チプ　チョム　トゥロ　ジュセヨ
?저 집 좀 들어 주세요.
?あの家をちょっと持ちあげてください。

MEMO

　パッチム「ㅁ」と「ㅂ」は両方とも唇を閉じて発音しますが、発音の仕方やスペルを間違えると、全く違う言葉になってしまいます。パッチム「ㅁ」は唇をしっかり閉じて発音しますが、このとき鼻から息が抜けます。たとえば、「짐」は日本語の「ちんみ」の「ちん」と同じく発音します。一方、パッチム「ㅂ」は唇を閉じて発音しますが、鼻から息は抜けません。たとえば、「집」は「チップ」の「チッ」と同じく発音します。

　このようにパッチム「ㅁ」と「ㅂ」の違いによって意味が変わるものには、次のようなものがあります。

- 미음(子音ㅁの名前)：비읍(子音ㅂの名前)
- 곰(熊)：곱(倍)
- 감(柿)：갑(甲)
- 삼(3)：삽(シャベル)
- 담(塀)：답(答え)
- 남(他人)：납(鉛)

コラム

イノシシが侵入したコンビニに人々が殺到

　以前、韓国の京畿道九里市の某コンビニにロット宝くじ目当てのお客が殺到したことがありました。事の発端は、ロット宝くじ抽選日の未明、イノシシがこのコンビニを奇襲したという噂によるものでした。このコンビニには開店前からお客が殺到し、ロット宝くじが普段より多く売れたそうです。

　さて、このコンビニに人々が殺到した理由は一体なんでしょうか。韓国では、豚は縁起のよい動物とされていますが、「豚(돼지)」の漢字語の発音「돈(トン)」が「お金」の発音「돈(トン)」と同じことから、豚は特に金運と関連があるといわれています。そこで、韓国では貯金箱も豚の形が定番になっています。コンビニに侵入したのはイノシシですが、韓国では「イノシシ(멧돼지)」と「豚(돼지)」の区別は曖昧で、両方とも金運と関連がある動物だからなのです。ちなみに、日本の十二支の「イノシシ」は韓国では「豚」です。

　ところで、日本では初夢といえば「一富士、二鷹、三茄子」が縁起の良い夢として知られていますが、韓国では初夢に関して特定の夢が良い夢とはされていません。もちろん韓国でも普段から夢占いに関心がある人も多いです。そこで、よい夢の場合はその夢を見た人から面白半分で買い取る場合もありますが、夢を買い取ることによって本当によいことが起こるケースもあるそうです。

　さて、韓国の夢占いでお金持ちになれる夢には豚や糞関連の夢、なくなった先祖や両親、出産、大統領などの貴人に会う夢、燃える火の夢、自分が死んだり死体を見たりする夢などがあります。

　また、日本とは違う夢占いの風習の1つとして、「胎夢(태몽)」というものがあります。これは妊婦や近親者が見る夢のことなので、妊婦本人だけでなく、親や夫、兄弟、友達などが見る場合もあります。胎夢は他の夢と違って神秘的な内容で、何十年経っても鮮明に覚えている夢です。

もちろん胎夢なく生まれてくる子供もいますが、この夢の内容によって、男女の性別を判断したり、子供の将来についても占ったりします。歴代の有名人の胎夢には昇る太陽を飲み込む夢、青大将と遊ぶ夢、鳩が母の懐に飛び込んでくる夢、菊を見る夢、道端でダイアモンドを拾う夢などがあるそうです。
　ところで、胎夢に現れるシンボルは男女別に違っていて、一般的に大きくて力強いものは男の子、小さくてかわいらしいものは女の子とされています。

♂
太陽、星、龍、青大将、黒豚、馬、トラ、亀、雄鶏、鯉、きゅうり、なす、赤唐辛子、じゃがいも、大根、トウモロコシなど。

♀
月、小さい魚、小さいヘビ、白豚、卵、どじょう、チョウ、鳩、鳥、花、白菜、イチゴ、リンゴ、栗、貴金属など。

　果物の胎夢は財物、お金を象徴し、天に昇る龍は権力と権勢の象徴です。また、にんにく、唐辛子のように刺激性があるものは将来芸術的な才能を発揮する夢です。ヘビの夢は将来学者や指導者になる夢、青大将は名声高い人になる夢、トラが門から入ってくる夢は所属分野のトップになる夢、鶴は聖職者になる夢です。
　このような胎夢は絶対的なものではありませんが、子供に自信が持てるようにし、子供の才能を発掘できるきっかけになるかもしれません。

　みなさんはどういう胎夢で生まれましたか？胎夢と今の自分は似ていますか？今一度確認してみるのも面白いかもしれません。

なぞなぞ

Q3. 열심히 땅을 파면 나오는 것은?
　　一生懸命に土を掘れば出てくるものは？
　　（答えは p.180）

第3章
食事

ここだけの話。
最近、少し太り気味です。
野菜中心の生活をしてるんですけど、おかしいです。

野菜ジュース、野菜チップス、ポテトチップス、野菜のピザ、さつまいものタルト、大学いも……

原因はやはり野菜？の食べ過ぎですかね？

EPISODE 1

잘 먹겠습니다.
いただきます。

잘 먹겠습니다

レストランで

오늘 내가 한턱 낼게!

김밥 / 비빔밥 / 수제비

OK

잘 먹겠습니다.

どうぞ〜

NG

잘 먹겠습니다.

자기가 산다더니…쯧
おごってくれるんじゃないの？

EXERCISE

韓国語	読み	意味
잘 먹겠습니다.	チャル モクケッスムニダ	いただきます。
잘 먹었습니다.	チャル モゴッスムニダ	ごちそうさまでした。
많이 먹었습니다.	マニ モゴッスムニダ	十分いただきました。
맛있게 먹었습니다.	マシッケ モゴッスムニダ	美味しくいただきました。
배부르게 먹었습니다.	ペブルゲ モゴッスムニダ	お腹いっぱいいただきました。

MEMO

「잘 먹겠습니다」は「いただきます」の意味ですが、日本語と使う場面が少し違います。まず、韓国では1人で食べるときに「잘 먹겠습니다」とはいいません。また、他の人と食べるときも家に招待された場合やおごってもらう場合でなければ、「잘 먹겠습니다」とはいいません。つまり、韓国語の「잘 먹겠습니다(いただきます)」は家に招待されたときや、おごってもらうときに相手にいう挨拶です。そこで、誰かと食事をするときに「잘 먹겠습니다」というと、相手に「ごちそうになります」とアピールすることになります。

ちなみに、自宅に招待してもてなす人は「차린 건 없지만 맛있게 드세요(たいしたものではありませんが、どうぞ美味しく召し上がってください)、차린 건 없지만 많이 드세요(たいしたものではありませんが、どうぞたくさん召し上がってください)」などといいます。

EPISODE 2

찌개가 좀 짠 것 같네요.
チゲが少し塩辛いと思いますよ。

짠 것 같네요 VS 찬 것 같네요

友達の家で

와~
맛 좀 보세요♡

OK

찌개가 좀 짠 것 같네요.

물을 더 넣어야겠네요!

NG

찌개가 좀 찬 것 같네요.

전 뜨거운데…
그럼 더 데우죠, 뭐…

食事 第3章

CD-13

EXERCISE

ㅉ

ッチゲガ チョム ッチャン ゴッ カンネヨ
찌개가 좀 짠 것 같네요.
チゲが少し塩辛いと思いますよ。

チョム シンゴウン ゴッ カンネヨ
좀 싱거운 것 같네요. 少し味が薄いと思いますよ。

チョム メウン ゴッ カンネヨ
좀 매운 것 같네요. 少し辛いと思いますよ。

ㅊ

ッチゲガ チョム チャン ゴッ カンネヨ
찌개가 좀 찬 것 같네요.
チゲが少し冷たいと思いますよ。

チョム ットゥゴウン ゴッ カンネヨ
좀 뜨거운 것 같네요. 少し熱いと思いますよ。

MEMO

濃音「ㅉ」と激音「ㅊ」の発音の違いがポイントになります。「짠 것 같네요」の「짠」は、「まっちゃん」の「っちゃん」と発音すればOKです。ただ、息が出ないように注意しましょう。一方、「찬 것 같네요」の「찬」の場合は、息を強く出しながら「チャンネル」の「チャン」と発音すればOKです。

濃音「ㅉ」と激音「ㅊ」の違いによって意味が変わるものには、ほかに次のようなものがあります。

- ●짝(片方)：착(べったり)
- ●짬(暇)：참(本当に)
- ●쭉(ずっと)：축(軸)
- ●찌다(太る)：치다(打つ)

45

EPISODE 3

김밥을 먹었어요.
のり巻きを食べました。

먹었어요 VS 먹였어요

カフェで

어제 남자 친구하고 뭐 먹었어요?

OK

김밥을 먹었어요.

제가 만들었어요~

NG

김밥을 먹였어요.

많이 먹어~♡

食事 第3章

CD-14

EXERCISE

キムパブル　モゴッソヨ
김밥을 먹었어요.
のり巻きを食べました。

キムパブル　モギョッソヨ
김밥을 먹였어요.
のり巻きを食べさせました。

MEMO

韓国語の使役形は使役の接尾辞「이、히、리、기」などを付けて作ります。「먹다(食べる)」の使役形は「먹이다(食べさせる)」ですが、このスペルや発音を間違えると、全く違う意味になりますので、注意しましょう。ほかにも次のような使役形があります。

使役形接尾辞	動詞・形容詞	使役形
이	죽다(死ぬ)	죽이다(殺す)
	끓다(沸く)	끓이다(沸かす)
	줄다(減る)	줄이다(減らす)
히	앉다(座る)	앉히다(座らせる)
	업다(背負う)	업히다(背負わせる)
리	늘다(増える)	늘리다(増やす)
	울다(泣く)	울리다(泣かせる)
기	웃다(笑う)	웃기다(笑わす)
	벗다(脱ぐ)	벗기다(脱がせる)

ちなみに、「김밥(のり巻き)」の標準発音は［김밥(キムバプ)］ですが、ここでは一般に通用している発音［김빱(キムパプ)］を表記しました。

EPISODE 4

저는 빵에 꿀을 발라 먹어요.
私はパンにハチミツを塗って食べます。

꿀 VS 굴

パン屋で

バター派? ジャム派?

OK
꿀을 발라 먹어요.

저는 빵에...

NG
굴을 발라 먹어요.

48

食事 第3章

CD-15

EXERCISE

ㄲ

チョヌン ッパンエ ックルル パルラ モゴヨ
저는 빵에 꿀을 발라 먹어요.
私はパンにハチミツを塗って食べます。

ボトルル パルラ モゴヨ
버터를 발라 먹어요.　バターを塗って食べます。

チェムル パルラ モゴヨ
잼을 발라 먹어요.　ジャムを塗って食べます。

ㄱ

チョヌン ッパンエ クルル パルラ モゴヨ
?저는 빵에 굴을 발라 먹어요.
?私はパンに牡蠣を塗って食べます。

MEMO

　濃音「꾸」は「パック」の「ック」と同じ発音です。平音の「구」は「ク」と発音すればOKです。ただ、両方とも息が出たら、激音「쿠」になってしまいますので、息が出ないように注意しましょう。
　このように濃音「ㄲ」と平音「ㄱ」の違いによって意味が変わるものには、ほかに次のようなものがあります。
　●깨다(覚める)：개다(晴れる)
　●꾀다(たかる)：괴다(たまる)
　●끌(鑿（のみ))：글(文)

　ところで、韓国語では塗る対象によって「바르다(塗る)」と「칠하다(塗る)」に使い分けています。「바르다」は、「잼(ジャム)、화장품(化粧品)」などのように色を付けることが目的ではないときに使います。一方、「물감(絵の具)、크레용(クレヨン)」などのように色を付けるために塗るときは「칠하다」を使います。

49

EPISODE 5

김치 더 주세요.
キムチをもっとください。

더 VS 도

焼肉屋で

여기요~

OK

김치 더 주세요.

네~ 여기 있어요~

NG

김치도 주세요.

김치 드렸는데... 그게 김치예요.

食事 第3章

CD-16

EXERCISE

더

キムチ　ト　チュセヨ
김치 더 주세요.
　　　　　　　　　キムチをもっとください。

コギ　ト　チュセヨ
고기 더 주세요.　　　　肉をもっとください。

도

キムチド　チュセヨ
김치도 주세요.　　キムチもください。

ムルド　チュセヨ
물도 주세요.　　　　　水もください。

MEMO

　韓国語の母音「ㅓ」と「ㅗ」は両方とも日本語の「オ」に当たる発音ですが、実際の発音の仕方はそれぞれ違います。「더(もっと)」は口を大きく開けて「ト」、「도(も)」は口を丸くして「ト」です。みなさんには同じに聞こえるかもしれませんが、発音の仕方を間違えると韓国人の耳には全く違う音に聞こえます。

　さてさて、一番ポピュラーなキムチは「배추김치(白菜キムチ)」ですが、韓国のキムチはほかにも、「보쌈김치(白菜の葉で魚介類や栗などを包んだキムチ)、오이김치(きゅうりキムチ)、깍두기(カクテギ)、총각김치(幼い大根のキムチ)、부추김치(ニラキムチ)、파김치(ネギキムチ)」などいろいろな種類があります。「물김치(水キムチ)」のように辛くないキムチもあるので、辛いものが苦手な方はぜひこのキムチを召し上がってみてください。

コラム

おばさんパーマ、お願いします。

　「Iamastudent」はどういう意味でしょうか？これは英語の「I am a student」ですが、すぐ分かりましたか？日本語は漢字仮名交じり文ですが、英語はアルファベットのみで書くので、単語と単語をくっつけて書いてしまうと意味が分かりにくくなります。短い文章ならすぐ意味が分かっても、長い文章になると文章を読むのも大変ですし、その意味を読み取るのも難しくなります。そこで英語では、単語と単語の間を1文字ずつ空けて書きます。このような書き方を「分かち書き(띄어쓰기)」といいますが、日本語も絵本のようにひらがなのみで書かれているものは、意味を読み取りやすくするために分かち書きをしています。けれども、一般的に日本語は「私は学生です」のように漢字仮名交じり文なので、分かち書きをする必要がありません。一方、韓国語は英語のアルファベットと同じように「ハングル」だけで書くので、分かち書きをするのです。

　ところで、この「分かち書き(띄어쓰기)」は文章を読みやすくするだけでなく、意味の重意性(1つの文章が2通り以上の意味で解釈されること)を防ぐ役割もしています。

分かち書きのコツ！
1. 助詞は名詞とくっつけて書く。
   이것이(これが)、저는(私は)、무엇을(何を)、친구에게(友達に)
2. 「です(입니다)、します(합니다)」も名詞とくっつけて書く。
   학생입니다(学生です)、공부합니다(勉強します)
3. 名詞を修飾する連体形と名詞は分かち書きをする。
   예쁜 사람(きれいな人)、먹는 것(食べるもの)、배운 단어(習った単語)
4. 助数詞は分かち書きをする。
   한 개(1個)、두 살(2歳)、세 시(3時)、네 권(4冊)

たとえば、「오늘밤나무사올게요」はどこで分かち書きをするかによって、「오늘 밤 나무 사 올게요(今晩、木を買ってきます)」、「오늘 밤 나무 사 올게요(今日、栗の木を買ってきます)」、「오늘 밤 나 무 사 올게요(今晩、私、大根を買ってきます)」の３通りの意味になります。
　それでは、「分かち書き(띄어쓰기)」によってまったく違う意味になってしまう場合を少しみてみましょう。

나물 좀 줘요. ナムルをください。	나 물 좀 줘요. 私に水をください。
여기서라면 먹을 수 있어요. ここでなら食べられます。	여기서 라면 먹을 수 있어요. ここでラーメン食べられます。
아줌마, 파마해 주세요. おばさん、パーマお願いします。	아줌마파마, 해 주세요. おばさんパーマ、お願いします。
서울 가서 방을 얻었어요. ソウルに行って部屋を借りました。	서울 가 서방을 얻었어요. ソウルに行って旦那と結婚しました。
서울시 장애인 복지관 ソウル市　障害者　福祉館	서울시장 애인 복지관 ソウル市長　愛人　福祉館
무지개 같은 상사 虹のような上司	무지 개 같은 상사 とても犬のような上司
큰 아버지와 작은 아버지 大きい父と小さい父	큰아버지와 작은아버지 伯父と叔父
서울시 체육회 ソウル市　体育会	서울시체 육회 ソウル死体　ユッケ

vs

なぞなぞ

Q4. 차 안에 있는 사람은 운전을 할 수 없고, 차 밖에 있는 사람이 운전해야 하는 차는?

車の中にいる人は運転できず、
車の外にいる人が運転する車は？（答えはp.180）

第4章
病気

今朝、お腹を壊したと言っただけなのに、
友達にびっくりされました。
というか変な顔をされました。

韓国語、どこか間違ってたのかなぁ……

EPISODE 1

약 사러 가요.
薬を買いに行きます。

약 VS 역

街で

어디 가세요?

OK

약 사러 가요.

몸조리 잘 하세요…♪

NG

역 사러 가요.

さすが、御曹子!

病気 第4章

CD-17

EXERCISE

| ヤク サロ ガヨ
약 사러 가요.   薬を買いに行きます。

ヨンファ ポロ ガヨ
영화 보러 가요.   映画を見に行きます。

ハンジャン ハロ ガヨ
한잔 하러 가요.   一杯飲みに行きます。

ショピンハロ ガヨ
쇼핑하러 가요.   ショッピングに行きます。

シクサハロ ガヨ
식사하러 가요.   食事に行きます。

ㅑ

ヨク サロ ガヨ
?역 사러 가요.   ?駅を買いに行きます。

ㅕ

MEMO

「약(薬)」と「역(駅)」のように韓国語は母音の横の線の向き(「ㅑ」と「ㅕ」)によって意味が変わるので、スペルには注意しましょう。

さて、韓国には「엄마 손은 약손이다(お母さんの手は薬の手だ)」という古くから伝わっている歌があります。日本語の「痛いの痛いの飛んでいけ」と同じく一種のおまじないのようなものですが、「痛いの痛いの飛んでいけ」がけがをしたときに使うのに対して、「엄마 손은~ 약손~이다」はお腹が痛いときや具合が悪いときにお腹や背中をさすりながら歌ってあげる子守唄のような落ち着いた歌です。

EPISODE 2

우리 집 강아지가 병이 나서 죽었어요.
うちの子犬が病気になって死にました。

죽었어요 VS 죽였어요

動物病院で

울지 마세요…♪
흑…♪

OK

병이 나서 죽었어요.

かわいそうに…

NG

병이 나서 죽였어요.

病気　第4章

CD-18

EXERCISE

ウリ　ジプ　カンアジガ　ピョンイ　ナソ　チュゴッソヨ
우리 집 강아지가
병이 나서 죽었어요.
うちの子犬が病気になって死にました。

ウリ　ジプ　カンアジガ　ピョンイ　ナソ　チュギョッソヨ
우리 집 강아지가
병이 나서 죽였어요.
うちの子犬が病気になったので、殺しました。

MEMO

　韓国語の使役形は使役の接尾辞「이、히、리、기」などを付けて作ります(p.47参照)。「죽다(死ぬ)」の使役形は「죽이다(殺す)」ですが、해요体にすると、「죽어요(死にます)」と「죽여요(殺します)」のようにスペルと発音が似てくるので、注意しましょう。
　ちなみに、韓国では「강아지」は子犬の意味だけでなく、おばあさんがかわいい孫に対して使う呼び方としても使います。子犬みたいにかわいいという意味で「우리 강아지(うちの子犬)」とよくいいます。

EPISODE 3

배탈이 났어요.
お腹を壊しました。

배탈 VS 배털

大丈夫？

왜 그래요?

OK

배탈이 났어요.

괜찮아요?

NG

배털이 났어요.

어머!

실은… ㅋㅋ

60

病気　第4章

CD-19

EXERCISE

ㅏ

ペタリ　ナッソヨ
배탈이 났어요.　お腹を壊しました。

ビョンイ　ナッソヨ
병이 났어요.　　　　病気になりました。

キチミ　ナッソヨ
기침이 났어요.　　　咳が出ました。

ㅓ

ペトリ　ナッソヨ
배털이 났어요.
　　　　　　　　　お腹に毛が生えました。

スヨミ　ナッソヨ
수염이 났어요.　　　ひげが生えました。

イガ　ナッソヨ
이가 났어요.　　　　歯が生えました。

MEMO

「배탈」と「배털」のように韓国語は母音の横の線の向き(「ㅏ」と「ㅓ」)によって意味が変わるので、注意しましょう。

「나다」は「현기증이 나다(目まいがする)、재채기가 나다(くしゃみがでる)、하품이 나다(あくびがでる)、땀이 나다(汗が出る)、여드름이 나다(ニキビができる)」のように、「生じる、生える、出る、できる」などの意味で使われる動詞です。

EPISODE 4

모기한테 물렸어요.
蚊に刺されました。

물렸어요 VS 물었어요

どうしたの？

거기 왜 그래요?

OK

물렸어요.

모기한테…

NG

물었어요.

제가…

EXERCISE

モギハンテ　ムルリョッソヨ
모기한테 물렸어요.
蚊に刺されました。

チェガ　ムロッソヨ
제가 물었어요.
私が噛みました。

MEMO

　韓国語の受身形は受身形の接尾辞「이、히、리、기」などを付けて作ります。「물다(噛む、刺す)」の使役形は「물리다(噛まれる、刺される)」ですが、해요体にすると、「물어요(噛みます)－물려요(噛まれます)」、「물었어요(噛みました)－물렸어요(噛まれました)」のようにスペルと発音が似てきます。特に「물다」のパッチム「ㄹ」の発音に注意しましょう。ほかにも次のような受身形があります。

使役形接尾辞	動詞	受身形
이	보다(見る)	보이다(見られる、見える)
	쓰다(書く)	쓰이다(書かれる)
히	먹다(食べる)	먹히다(食べられる)
	잡다(つかむ)	잡히다(捕まる)
리	듣다(聞く)	들리다(聞こえる)
	팔다(売る)	팔리다(売れる)
기	안다(抱く)	안기다(抱かれる)
	빼앗다(奪う)	빼앗기다(奪われる)

EPISODE 5

아들 병에 대해서 알고 싶은데요.
息子の病気について知りたいのですが。

병 VS 변

診察室で

의사 선생님…

OK

아들 병에 대해서
알고 싶은데요.

걱정하지 마세요

NG

아들 변에 대해서
알고 싶은데요.

음… えーと、
그러니까…

病気　第4章

CD-21

EXERCISE

병

アドゥル　ピョンエ　デヘソ　アルゴ　シプンデヨ
아들 병에 대해서 알고 싶은데요.
息子の病気について知りたいのですが。

변

アドゥル　ピョネ　デヘソ　アルゴ　シプンデヨ
아들 변에 대해서 알고 싶은데요.
息子の大便について知りたいのですが。

MEMO

「병(病気)」の「ㅇ」と「변(大便)」の「ㄴ」の発音の違いに注意しましょう。韓国語のパッチム「ㅇ、ㄴ」は、日本語の「ん」に当たる音ですが、韓国語ではそれぞれ違う音になります。「ㅇ」は「りんご」の「ん」の発音と同じで、舌はどこにも付きません。一方、「ㄴ」は「あんない」の「ん」と同じで、舌の先を上の歯茎の裏側に付けて発音しましょう。したがって、「병」は「ぴょん」のように舌を奥に引っ込めながら発音しますが、舌先はどこにも触れません。そして、パッチム「ㅇ」は後ろに母音が来ても連音化しないでしっかり発音するので、「병에[병에(ピョンエ)]」と発音します。一方、「변」は舌先を上の歯茎の裏側に付けて「ぴょん」と発音しますが、パッチム「ㄴ」が後ろに来る母音と連音化するので、「변에[벼네(ピョネ)]」と発音します。

パッチム「ㅇ」と「ㄴ」の違いによって意味が変わるものには、ほかに次のようなものがあります。

- 방(部屋)：반(半)
- 동(銅)：돈(お金)
- 강(川)：간(肝)
- 상(賞、上)：산(山)

コラム

耳がかゆくなるとどうなるの？

「耳がかゆい(귀가 가렵다)」というとみなさんはどう思われますか？大変！病気かも！と思う方もいるでしょう。しかし、韓国では「人に噂されている」と思います。もちろん実際に耳がかゆいときもありますが、くしゃみが出たときにみなさんが思うのと同じなのです。逆に「くしゃみが出る」と、韓国の人はまず風邪を引いたのだと思います。

このように慣用句は2つ以上の言葉が結合して、その全体が新たな1つの意味になって固定されたものなので、直訳だけでは本当の意味が分からない場合もたくさんあります。

韓国語には「눈에 넣어도 아프지 않다－目に入れても痛くない」のように日本語と同じ表現を使い、同じ意味を持つ慣用句もありますが、「발이 넓다(足が広い)－顔が広い」、「간이 떨어지다(肝が落ちる)－大変驚く」のように同じ意味でも違う表現を使う慣用句や、日本語とまったく違うものもあります。

それでは、韓国の身体関連の慣用句（1〜10）の意味をa〜jから探してみましょう。

慣用句

1. 입만 살다.
   （口だけ生きている）
2. 입이 짧다.
   （口が短い）
3. 입이 닳도록.
   （口がすり減るくらい）
4. 입이 궁금하다.
   （口が気になる）
5. 코가 납작해지다.
   （鼻がぺちゃんこになる）
6. 눈 코 뜰 새가 없다.
   （目と鼻を開ける暇がない）
7. 귀가 얇다.
   （耳が薄い）
8. 얼굴에 철판을 깔다.
   （顔に鉄板を敷く）
9. 손을 보다.
   （手を見る）
10. 손이 맵다.
    （手が辛い）

意味

a. 目が回るほど忙しい。
b. 手（先）の力が強い。
c. 口がさびしい。
d. 人の意見に左右されやすい。
e. 厚かましい、ずうずうしい。
f. 口だけ達者で、実行が伴わない。
g. 食べ物の好き嫌いが激しい。
h. 面目がつぶれる。
i. 口がすっぱくなるくらい。
j. 手入れをする、直す。

正解

1-f、2-g、3-i、4-c、5-h、6-a、7-d、8-e、9-j、10-b

なぞなぞ

Q5. 한 사람이 들어가면 다른 사람은 못 들어가는 곳은?

1人が入ると他の人は入れない場所は？（答えはp.180）

第5章
会社で

会社には気心の知れたお友達がいます。
何でも話せて、一緒に遊びに行ったり、
旅行に行ったりするくらい
本当に本当に大好きなお友達です。

ただ、
たまに韓国語を間違えて誤解されるときがあります。

でもでも、本当に悪気はないですから！

EPISODE 1

대망의 여자 친구가 생겼어요.
待望の彼女ができました。

대망 VS 대만

最近……

요즘 무슨 좋은 일 있어요?

OK

대망의 여자친구가 생겼어요.

NG

대만에 여자친구가 생겼어요.

보고 싶어요~

저도요~

70

会社で 第5章

CD-22

EXERCISE

망

テマンエ ヨジャ チングガ センギョッソヨ
대망의 여자 친구가
생겼어요.　　待望の彼女ができました。

만

テマネ ヨジャ チングガ センギョッソヨ
대만에 여자 친구가
생겼어요.　　台湾に彼女ができました。

MEMO

　「대망」の「망」は「マンゴ」の「マン」と同じく舌はどこにも付きません。そして、パッチム「ㅇ」は後ろに母音が来ても連音化しないので、「대망의[대망에(テマンエ)]」と発音します。一方、「대만」の「만」は「まんねん」の「まん」と同じく舌の先を上の歯茎の裏側に付けて発音しますが、パッチム「ㄴ」が連音化するので、「대만에[대마네(テマネ)]」と発音します。

　また、「의(の)」は現れる位置や条件によって次のように発音します。

	発音	例
①語頭の「의」	[의]	의사 [의사] 医者
②語中・語末の「의」	[의(原則)]	거의 [거의 / 거이] ほとんど
	[이(許容)]	회의 [회의 / 회이] 会議
③ㅇ以外の子音が伴う「ㅢ」	[이]	무늬 [무니] 模様
		희망 [히망] 希望
④助詞の「의」	[의(原則)]	나의 [나의 / 나에] 가족
	[에(許容)]	私の家族

71

EPISODE 2

여자 친구가 통통하네요.
彼女がぽっちゃりですね。

통통하네요 VS 퉁퉁하네요

彼女が……

여자 친구예요!

OK

여자 친구가 통통하네요.

귀엽죠?

NG

여자 친구가 퉁퉁하네요.

아, 네… 뭐…

会社で 第5章

CD-23

EXERCISE

ㅗ

ヨジャ　チングガ　トントンハネヨ
여자 친구가 통통하네요.
　　　　　　彼女がぽっちゃりですね。

クィヨムネヨ
귀엽네요.　　　　　　　　かわいいですね。

イェップネヨ
예쁘네요.　　　　　　　　きれいですね。

ナルッシナネヨ
날씬하네요.　　　　　　　すらっとしていますね。

エギョガ　マンネヨ
애교가 많네요.　　　　　　愛嬌がたっぷりですね。

ㅜ

ヨジャ　チングガ　トゥントゥンハネヨ
여자 친구가 뚱뚱하네요.
　　　　　　彼女がぶくぶく太っていますね。

MEMO

　日本語の擬態語や擬声語の場合は「キラキラ」と「ギラギラ」のように濁音が付くか付かないかによってニュアンスが変わってきます（p.80参照）。一方、韓国語でこのような語感の違いを伝えるものは母音の交替です。小さくて、明るくて、軽い感じがするものは母音「ㅏ、ㅗ(陽母音)」などで、大きくて、暗くて、重い感じがするものは「ㅓ、ㅜ(陰母音)」などで表します。そこで、「통통하다」はぽっちゃりしていてかわいらしい感じがしますが、「뚱뚱하다」はぶくぶく太っている感じがします。

73

EPISODE 3

대회에서 상을 받았어요.
大会で賞をもらいました。

상 VS 산

マラソン大会で

OK

상을 받았어요.

NG

산을 받았어요.

会社で　第5章

CD-24

EXERCISE

상

テフェエソ　サンウル　パダッソヨ
대회에서 상을 받았어요.
大会で賞をもらいました。

トゥロピルル　パダッソヨ
트로피를 받았어요.　トロフィーをもらいました。

サンチャンウル　パダッソヨ
상장을 받았어요.　　　賞状をもらいました。

サンプムル　パダッソヨ
상품을 받았어요.　　　賞品をもらいました。

산

テフェエソ　サヌル　パダッソヨ
대회에서 산을 받았어요.
大会で山をもらいました。

MEMO

　パッチム「ㄴ、ㅇ」の発音の違いがポイントになります。「상」は「さんがい」の「さん」と同じ発音で、舌はどこにも付けませんが、「산」は「さんねん」の「さん」と同じく舌の先を上の歯茎の裏側に付けて発音します。また、「상을[상을(サンウル)]」はパッチム「ㅇ」をしっかり発音しますが、「산을[사늘(サヌル)]」の「ㄴ」は連音化します。

　さて、賞の種類は日本と似ていて、たとえば「대상(大賞)、금상(金賞)、은상(銀賞)、동상(銅賞)、최우수상(最優秀賞)、우수상(優秀賞)、장려상(奨励賞)、입선(入選)、참가상(参加賞)」などがあります。

EPISODE 4

돈을 벌었어요.
お金を稼ぎました。

벌었어요 VS 버렸어요

連休のときに……

연휴 때 뭐 했어요?

OK

돈을 벌었어요.

아르바이트 했어요.

NG

돈을 버렸어요.

이제 돈 따윈 필요없어!

会社で 第5章

CD-25

EXERCISE

トヌル ポロッソヨ
돈을 벌었어요. お金を稼ぎました。

ハクピルル ポロッソヨ
학비를 벌었어요. 学費を稼ぎました。

シガヌル ポロッソヨ
시간을 벌었어요. 時間を稼ぎました。

トヌル ポリョッソヨ
돈을 버렸어요. お金を捨てました。

ッスレギルル ポリョッソヨ
쓰레기를 버렸어요. ゴミを捨てました。

ヒマンウル ポリョッソヨ
희망을 버렸어요. 希望を捨てました。

MEMO

「벌다(稼ぐ)」と「버리다(捨てる)」は基本形の発音は全く違いますが、해요体になると、「벌어요(稼ぎます)ー버려요(捨てます)」、「벌었어요(稼ぎました)ー버렸어요(捨てました)」のようにスペルと発音が似てくるので、注意しましょう。

さて、「벌다」は「稼ぐ、もうける」という意味で、「학비를 벌다(学費を稼ぐ)、용돈을 벌다(小遣いを稼ぐ)、시간을 벌다(時間を稼ぐ)」などのように使います。また、「매를 벌다(ムチを稼ぐ)」は悪いことをして罰を自ら招くという意味で使われます。

EPISODE 5

장난 전화예요.
いたずら電話です。

장난 VS 장남

休憩室で

잠깐만요!
띠리링~♪

OK

장난 전화예요.

요즘 장난 전화가 많네요..♪

NG

장남 전화예요.

장, 장남이 있어요?

会社で 第5章

CD-26

EXERCISE

난
チャンナン ジョナエヨ
장난 전화예요.　いたずら電話です。

남
チャンナム ジョナエヨ
장남 전화예요.　長男からの電話です。

MEMO

　パッチム「ㄴ」と「ㅁ」の発音の違いに注意しましょう。「장난(いたずら)」の「난」は「なんねん」の「なん」のように、舌先を上の歯茎の裏側に付けて発音します。一方、「장남(長男)」の「남」は「なんばん」の「なん」と同じく唇をしっかり閉じて発音します。

　さて、「장난」の意味は「いたずら」ですが、「장난이 아니다」というと「冗談じゃない、ハンパない」という意味になります。「눈이 장난이 아니야(雪がハンパないよ)」、「실력이 장난이 아니야(実力がすごいよ)」などのように程度などが甚だしいことを表します。

　ほかにも「장난」関連の表現には「장난꾸러기(いたずらっこ、わんぱく)、장난치지 마(いたずらをするな、ふざけるな)、장난하냐?(ふざけているの?)」などがあります。

コラム

ギラギラひかるお空の星よ

　歌「キラキラ星」は「キラキラひかる　お空の星よ〜」で始まるのですが、「キラキラ」を「ギラギラ」に変えたらどうでしょうか？「ギラギラひかる〜」。なんだか大きい星のようで少し不気味な感じにもなります。このように「キラキラ」と「ギラギラ」は意味的には同じですが、濁音が付くか付かないかによってニュアンスが違います。日本の擬態語や擬声語は一般的に濁音が付かないものがより小さくて明るくて軽い感じがして、濁音が付くものは一般的に「大きい、暗い、重い、広い…」といった感じになります。

　同じく韓国語の擬声語や擬態語にもこのようなニュアンスの違いを伝えるものがあります。濁音のようなものは韓国語にはないので、韓国語では母音と子音の交替を使います。たとえば、日本語の「キラキラ」は韓国語で「반짝반짝」、「ギラギラ」は「번쩍번쩍」といいます。つまり、母音「ㅏ」と「ㅓ」の交替により、日本語の濁音の役割と同じ働きをするのです。小さくて、明るくて、軽い感じがするものは母音「ㅏ、ㅗ」で、大きくて、暗くて、重い感じがするものは「ㅓ、ㅜ」で表します。そして、母音「ㅏ、ㅗ」などを「陽母音」、「ㅓ、ㅜ」などを「陰母音」といいますが、韓国語ではこの陽母音と陰母音の交替によって擬声語と擬態語のニュアンスの違いを伝えます。

```
（陽母音）            （陰母音）
반짝반짝      <      번쩍번쩍
キラキラ              ギラギラ
------------→ 大きい、暗い、重い
```

また、真っ黒な様子を表す「가맣다(平音) – 까맣다(濃音)」と太っている様子を表す「뚱뚱하다(濃音) – 퉁퉁하다(激音)」は子音が入れ替わることによって、そのニュアンスが変わります。平音「가맣다」より濃音「까맣다」の方がもっと暗い感じがして、濃音「뚱뚱하다」より激音「퉁퉁하다」の方がより太っている感じがします。このように、韓国語は「平音＜濃音＜激音」の順序でそれが表す程度が強くなります。

```
（平音）        （濃音）         （濃音）         （激音）
가맣다    ＜    까맣다          뚱뚱하다   ＜    퉁퉁하다
― ― ― ― ― ― →より黒い         ― ― ― ― ― ― →より太っている
```

　平音、濃音、激音の違いによって言葉の意味のニュアンスが変わってくるものには、ほかに次のようなものがあります。

```
구기다                          꾸기다(しわくちゃにする)
구불구불                         꾸불꾸불(くねくね)
거칠거칠            ＜           꺼칠꺼칠(かさかさ)
갸웃갸웃                         꺄웃꺄웃(首をかしげる様子)
깜박                            깜빡(うっかり)
깜깜하다                         캄캄하다(真っ暗だ)
```

なぞなぞ

Q6. 달리면 서 있지만 안 달리면 넘어지는 것은?

走れば立っているけれど、
走らなければ倒れるものは？（答えは p.180）

第6章
友達とおしゃべり①

週末、久しぶりに友達と映画を見に行きました。
私のお気に入りの映画館があるのですが、
友達にその話をしたら、またびっくりされました。

なんでなんで？？？
映画館が好きっておかしいの？

EPISODE 1

저는 이 극장을 좋아해요.
私はこの映画館が好きです。

이 극장 VS 이 국장

カフェで

久しぶりのガールズトーク～

OK

이 극장을 좋아해요.

저도요!

NG

이 국장을 좋아해요.

84

友達とおしゃべり① 第6章

CD-27

EXERCISE

그
チョヌン イ クッチャンウル チョアヘヨ
저는 이 극장을 좋아해요.
私はこの映画館が好きです。

구
チョヌン イ クッチャンウル チョアヘヨ
저는 이 국장을 좋아해요.
私は李局長が好きです。

MEMO

韓国語の母音「ㅡ」の「ㅜ」は、日本語の「ウ」に当たる発音ですが、「ㅡ」は唇を横に引いて「ウ」、「ㅜ」は唇を前に突き出して「ウ」といいます。「ㅜ」は日本語の「ウ」と発音が似ていますが、「ㅡ」は日本語にない発音なので、特に気をつけて発音しましょう。「ㅡ」の形が唇を横に引いた状態に似ているので、この「ㅡ」が現れたら唇を横に引くように心がけましょう。

母音「ㅡ」と「ㅜ」の違いによって意味が意味が変わるものには、ほかに次のようなものがあります。

- 그(その):구(9)
- 느리다(遅い):누리다(享受する)
- 등(背中):둥(どんと)
- 를(を):룰(ルール)

EPISODE 2

식초 좀 주세요.
お酢をください。

식초 VS 십 초

中華料理屋で

뭐 필요해요?

OK

식초 좀 주세요.

여기요

NG

십 초 좀 주세요.

EXERCISE

식

식초 좀 주세요. お酢をください。
(シクチョ チョム チュセヨ)

간장 좀 주세요. お醤油をください。
(カンジャン チョム チュセヨ)

소금 좀 주세요. お塩をください。
(ソグム チョム チュセヨ)

설탕 좀 주세요. お砂糖をください。
(ソルタン チョム チュセヨ)

십

십 초 좀 주세요. 10秒をください。
(シプ チョ チョム チュセヨ)

MEMO

　　パッチム「ㄱ、ㅂ」の違いがポイントになります。韓国語のパッチム「ㄱ、ㅂ」は両方とも日本語の「ッ」に当たるので、同じ発音に聞こえるかもしれませんが、韓国語では厳格に区別します。まず、「식초」の「식」は「シック」の「シッ」と同じく舌を奥に引っ込めて発音します。舌はどこにも付きません。一方、「십초」の「십」は「シップ」の「シッ」と同じく唇をしっかり閉じて発音します。この発音の仕方を間違えると、韓国人の耳には全く違う音として聞こえるので、注意しましょう。

EPISODE 3
이건 흙으로 만들었어요.
これは土で作りました。

흙 VS 땅

友達の部屋で

이건 뭘로 만들었어요?

OK
흙으로 만들었어요.

이건요~ 제가~

NG
땅으로 만들었어요.

EXERCISE

イゴン　フルグロ　マンドゥロッソヨ
이건 흙으로 만들었어요.
これは土で作りました。

チョムトロ　マンドゥロッソヨ
점토로 만들었어요.　　　粘土で作りました。

モレロ　マンドゥロッソヨ
모래로 만들었어요.　　　砂で作りました。

チャガルロ　マンドゥロッソヨ
자갈로 만들었어요.　　　砂利で作りました。

イゴン　ッタンウロ　マンドゥロッソヨ
?이건 땅으로 만들었어요.
? これは地面で作りました。

MEMO

「흙」と「땅」は両方とも「土」を意味しますが、その意味や使い方が違います。「흙」は「土壌」を指すので、たとえば「흙장난(泥んこ遊び)」、「흙탕물(泥水)」、「진흙(粘土、泥)」、「흙먼지(土ぼこり)」などのように使います。一方、「땅」は「地、地面、土地」などを指すので、たとえば「땅덩어리(大陸、国土)」、「하늘과 땅 차이(天と地の差)」などのように使います。

ところで、韓国語には「하늘만큼 땅만큼(空くらい地くらい)」という表現がありますが、これは恋人に自分のことがどれぐらい好きなのか聞いたときに出てくる定番の答えです。つまり、「空ほど高く、地ほど広く、それほどとても大好きだ」という意味です。

EPISODE 4

예를 들어 주세요.
例を挙げてください。

예 VS 애

カフェで

글쎄요…

OK

예를 들어 주세요.

잘 모르겠는데요…

NG

애를 들어 주세요.

애가 좀 많아서요…

EXERCISE

예

イェルル トゥロ チュセヨ
예를 들어 주세요.
例を挙げてください。

애

エルル トゥロ チュセヨ
애를 들어 주세요.
子供を持ち上げてください。

MEMO

「들다」は多義語なので、「예를 들다(例を挙げる)、잠자리에 들다(寝床に入る)、돈이 들다(お金がかかる)、마음에 들다(気に入る)、감기가 들다(風邪を引く)、도둑이 들다(泥棒が入る)、멍이 들다(あざができる)、길이 들다(使い慣れる)、느낌이 들다(感じがする)、나이가 들다(年を取る)」などのようにいろいろな意味で使われます。

また、「가방을 들다(カバンを持つ)」のように「들다」には「持つ」の意味もあります。ところで、この場合の「들다(持つ)」は「手に持つ、持ち上げる」という意味で使うので、所有を表すときには「가지다(持つ)」を使います。そこで、たとえば「차를 가지고 있다」は車を所有していることを、「차를 들고 있다」は車を持ち上げていることを意味します。

EPISODE 5

뭐가 틀렸어요?
何が間違っていますか？

틀렸어요 VS 들렸어요

友達の家で

가르쳐 주세요~

OK

뭐가 틀렸어요?

여기가 좀 틀렸네요

NG

뭐가 들렸어요?

아뇨, 아무것도…

뭔가 들렸어요

아무것도 안 들린다니까요

CD-31

EXERCISE

ㅌ

ムォガ　トゥルリョッソヨ
뭐가 틀렸어요?
何が間違っていますか？

アムゴット　アン　トゥルリョッソヨ
아무것도 안 틀렸어요.
何も間違っていません。

ㄷ

ムォガ　ドゥルリョッソヨ
뭐가 들렸어요?
何が聞こえましたか？

アムゴット　アン　ドゥルリョッソヨ
아무것도 안 들렸어요.
何も聞こえませんでした。

MEMO

「ㅌ」と「ㄷ」の発音の違いがポイントになります。「틀렸어요(間違えました)」の「틀」は息が強く出る激音ですが、「들렸어요(聞こえました)」の「들」は息がほとんど出ない平音です。日本語では息が出るか出ないかは意味の違いを区別する要素ではありませんが、韓国語では息の有無が意味の違いにも関与しますので、発音には注意しましょう。

コラム

韓国語学習者は韓国語方言の達人？

　みなさんは韓国の方言を聞いて理解できたり、言えたりしますか？韓国の標準語は「教養のある人々が使用する現代のソウルの言葉」と定められており、韓国語学習者は一般的に「ソウル(서울)」の言葉を学びます。もちろん、地方に住んでいて方言が自然に身についた方や方言を習っている方もいます。

　ところで、韓国語を学んでいる人たちの中には、不思議なことにその地方に住んでいなくても、方言を習ったことがなくても、方言ができる人がいます。実は、スペルミスによく見られるケースですが、実に自然な方言になっているのです。

　韓国語学習者のスペルミスは、特に「慶尚道(경상도)」と「忠清道(충청도)」の方言に近いものが多いです。「忠清道(충청도)」の方言は全体的に話すスピードが遅く、語尾に「ㅕ、ㅠ」が付く場合が多いです。

　また、「慶尚道(경상도)」の方言は標準語に比べてイントネーションが激しく、語尾に「-더、-예、-나？」などを付けます。「慶尚道(경상도)」の人々は母音「ㅓ」を「ㅐ」と発音するので、「경상도」も「갱상도」と発音したり、濃音の発音が苦手なので「쌀(米)」を[살]と発音したりします。

　「全羅道(전라도)」の方言もイントネーションが激しく、語尾に「-디、-랑께、-당께」などが付きます。「済州島(제주도)」の方言は沖縄の方言のように、ネイティブにも聞き取れないほど標準語とかなり違います。たとえば、「혼자 옵서예」は「ようこそ(어서 오세요)」という意味ですが、この発音から「1人で来てください」と誤解されることも多いです。

　それでは、韓国語学習者のスペルミスによく見られる方言を見てみましょう。みなさんも知らず知らずのうちに韓国語の方言の達人になっているのかもしれません。

「忠清道(충청도)」Version

標準語	忠清道方言
안녕하세요? こんにちは	안녕하세유?
고마워요. ありがとう。	고마워유.
좋아요. いいです。	좋아유.
괜찮아요. 大丈夫です。	괜찮아유.
없어요. ありません。	없어유.
나야. 私だよ。	나여.
뭐야. 何なの？	머여.
아냐. 違うよ。	아녀.
어디 どこ	오디
몰라. 分からない。	물러.

「慶尙道(경상도)」Version

標準語	慶尙道方言
너도 가니? お前も行くの？	니도 가나?
저는 학생이 아닙니다. 私は学生ではありません。	지는 학상이 아닙니더.
저는 회사원입니다. 私は会社員です。	자는 회사원입니더. あの子は会社員です。
아침 먹고 학교에 갑니다. 朝食を食べて学校に行きます。	아침 묵고 핵교에 갑니더.
아닙니다. 違います。	아닙니더.
감사합니다. ありがとうございます。	감사합니더.

なぞなぞ

Q7. 저금하는 것을 좋아하는 나무는?

貯金するのが好きな木は？（答えは p.180）

第7章
ニュース

韓国に住み始めて2年。
ニュースは難しいけど、
聴き取りと社会常識のために一生懸命に見ています。

アナウンサーみたいにきれいな発音を目指して、
今日もニュースに目と耳を向けます!

でも、やっぱりニュースは難しいなぁ〜。

EPISODE 1

동메달을 땄습니다.
銅メダルを獲りました。

동메달 VS 돈메달

オリンピックで

올림픽에서…

OK

동메달을 땄습니다.

NG

돈메달을 땄습니다.

EXERCISE

동

トンメダルル　ッタッスムニダ
동메달을 땄습니다.
　　　　　　　銅メダルを獲りました。

クムメダルル　ッタッスムニダ
금메달을 땄습니다.　　　金メダルを獲りました。

ウンメダルル　ッタッスムニダ
은메달을 땄습니다.　　　銀メダルを獲りました。

돈

トンメダルル　ッタッスムニダ
?돈메달을 땄습니다.
　　　　　　　?お金のメダルを獲りました。

MEMO

　「동(銅)」と「돈(お金)」のパッチムの発音に注意しましょう。「동」は「トング」の「トン」と同じく舌はどこにも付けません。一方、「돈」は「ほとんど」の「とん」と同じで、舌の先を上の歯茎の裏側に付けて発音します。
　また、「따다」は多義語なので、「꽃을 따다(花を摘む)、열매를 따다(実をもぎ取る)、통조림을 따다(缶詰をあける)、병마개를 따다(瓶の栓を抜く)、운전면허를 따다(運転免許を取る)、학점을 따다(単位を取る)、자격을 따다(資格を取る)」などのようにいろいろな意味で使われます。
　ちなみに、同じく「星をとる」と言っても、星をもぎ取るという意味の場合は「별을 따다」といいますが、写真で撮る場合は「별을 찍다(星を撮る)」といいます。

EPISODE 2

특히 세일 기간에는 손님들이 많이 온다고 합니다.

特に、セール期間中はお客さんがたくさん来るそうです。

온다 VS 운다

デパートで

뉴스를 전해 드리겠습니다.
세일 기간에는 …

OK

많이 온다고 합니다.

NG

많이 운다고 합니다.

ニュース 第7章

CD-33

EXERCISE

ㅗ
トゥキ セイル キガネヌン ソンニムドゥリ マニ オンダゴ ハムニダ
특히 세일 기간에는 손님들이 많이 온다고 합니다.
特に、セール期間中はお客さんがたくさん来るそうです。

ㅜ
トゥキ セイル キガネヌン ソンニムドゥリ マニ ウンダゴ ハムニダ
?특히 세일 기간에는 손님들이 많이 운다고 합니다.
?特に、セール期間中はお客さんがたくさん泣くそうです。

MEMO

「ㅗ」と「ㅜ」は意外とスペルミスが多く見られるので、注意しましょう。「-ㄴ / 는다고 하다(〜だという、〜だそうだ)」は間接引用の表現ですが、합니다体「-ㄴ / 는다고 합니다」の縮約形は「-ㄴ / 는답니다」、해요体「-ㄴ / 는다고 해요」の縮約形は「-ㄴ / 는대요」です。そこで、「온다고 합니다」は会話では普通「온답니다、온대요」と縮約されます。

EPISODE 3

전국 노래 자랑
全国のど自慢

전국 VS 천국

のど自慢大会で

OK

전국 노래 자랑

NG

천국 노래 자랑

EXERCISE

ㅈ

チョングㇰ ノレ ジャラン
전국 노래 자랑 　　全国のど自慢

チャンッキ ジャラン
장기 자랑 　　隠し芸自慢

チャシㇰ チャラン
자식 자랑 　　子供自慢

ㅊ

チョングㇰ ノレ ジャラン
천국 노래 자랑 　　天国のど自慢

MEMO

「전국(全国)」の「전」は、発音する際に息がほとんど出ない平音です。一方、「천국(天国)」の「천」は発音する際に息が強く出る激音で、平音「전」より高めで発音します。

平音「ㅈ」と激音「ㅊ」は発音だけでなく、スペルもよく間違えるので、注意しましょう。次もよく間違える平音「ㅈ」と激音「ㅊ」の例です。

平音「ㅈ」	집(家)、전화(電話)、숙제(宿題)、주소(住所)、지하철(地下鉄) 좋아해요(好きです)
激音「ㅊ」	차(車、茶)、친구(友達)、취미(趣味)、청소(掃除)、처음(初めて)、추워요(寒いです)

EPISODE 4

이번 크리스마스 때는 눈이 오면 좋겠습니다.
今度のクリスマスには雪が降ってほしいです。

좋겠습니다 VS 죽겠습니다

街頭インタビューで

OK
눈이 오면 좋겠습니다.

NG
눈이 오면 죽겠습니다.

EXERCISE

イボン クリスマス ッテヌン ヌニ オミョン チョケッスムニダ
이번 크리스마스 때는 눈이 오면 좋겠습니다.
今度のクリスマスには雪が降ってほしいです。

イボン クリスマス ッテヌン ヌニ オミョン チュクケッスムニダ
이번 크리스마스 때는 눈이 오면 죽겠습니다.
今度のクリスマスには雪が降ったら死にます。

MEMO

母音「ㅗ」と「ㅜ」は意外とスペルミスが多く見られるものなので、注意しましょう。

さて、「-겠」は意志(제가 하겠습니다：私がやります)や推測(맛있겠다：美味しそう)、控えめな気持ち(알겠습니다：分かりました)などで使われますが、「-(으)면 좋겠다」は「〜したらいいな、〜してほしい、〜したい」などの意味です。また、「-(으)면 좋겠다」は「-았/었으면 좋겠다」、「-(으)면 싶다/하다」ともいいます。

EPISODE 5

이상입니다.
以上です。

이상입니다 VS 이상합니다

事故現場で

오늘 새벽, 중부고속도로에서…

OK

이상입니다.

사건 현장에서 이 중기가 전해 드렸습니다.

NG

이상합니다.

여기는 어디??
쟤는 누구?
헐~

EXERCISE

<ruby>이상입니다<rt>イサンイムニダ</rt></ruby>. 以上です。

<ruby>이상으로 마치겠습니다<rt>イサンウロ　マチゲッスムニダ</rt></ruby>. 以上で終わります。

<ruby>이상합니다<rt>イサンハムニダ</rt></ruby>. おかしいです。

<ruby>여기가 이상합니다<rt>ヨギガ　イサンハムニダ</rt></ruby>. ここがおかしいです。

MEMO

　韓国語では「학생이다(学生だ)、학생입니다(学生です)」の「-이다(〜だ、〜である)／-입니다(〜です)」は名詞に付く指定詞、「공부하다(勉強する)、공부합니다(勉強します)」の「-하다(〜する)／-합니다(〜します)」は動詞に付く接尾です。
　ところで、韓国語では「건강(健康)→건강합니다(健康です)」のように状態性の名詞にも「-하다(〜だ)」が付いて形容動詞を作ります。そこで、この「-입니다」と「-합니다」の間違いがよく見られます。特に、次のような形容動詞は日本語の訳のまま「-입니다(〜です)」を付けてしまう場合が多いので、注意しましょう。

- 유명(有名)→유명합니다(有名です)(○)／유명입니다(×)
- 편리(便利)→편리합니다(便利です)(○)／편리입니다(×)
- 친절(親切)→친절합니다(親切です)(○)／친절입니다(×)
- 간단(簡単)→간단합니다(簡単です)(○)／간단입니다(×)

コラム

一番うさんくさい傘

　掘った芋いじるな。もう気付きましたね。そうです。懐かしい英語の空耳「What time is it now?」ですが、韓国語にもこのような空耳がたくさんあります。

　それでは、次の空耳を読んで、答えを探してみましょう。答えはすべて日本語の発音にあります。太字に注意しながら発音するとすぐ答えが見つかります。

1. 次のうち、一番**うさんく**さいものは？

①거울（鏡）　②수첩（手帳）　③우산（傘）　④안경（眼鏡）

2. ガッツポーズで一番**注目**しやすい身体の部位は？

①배（腹）　②발（足）　③무릎（膝）　④주먹（こぶし）

3. 木の陰に**ボソッ**と立っているのは何？

①배추（白菜）　②버섯（きのこ）　③당근（人参）　④파（ネギ）

4. **ガチャ**ガチャから出てくるものは？

①친구（友達）　②가구（家具）　③진짜（本物）　④가짜（偽物）

5. **釜**に入っているネコの姿勢は？

①천천히（ゆっくり）　　②가만히（じっと）
③열심히（一生懸命に）　④깨끗이（きれいに）

釜に入っている猫も「鍋猫」みたいにじ〜っとしているよね。

6. 今、**奥**さんがいる場所は？

①병원（病院）　②화장실（トイレ）　③옥상（屋上）　④부엌（台所）

7. 友達と**よく**待ち合わせする場所は？

①역(駅)　②집(家)　③학교(学校)　④도서관(図書館)

やはり渋谷駅のハチ○前かなぁ。

8. 耳が一番**突起**している動物は？

①양(羊)　②토끼(ウサギ)　③호랑이(トラ)　④기린(キリン)

9. **中華**料理を食べるときにやることは？

①노래(歌)　②공부(勉強)
③축하(お祝い)　④일(仕事)

韓国では70、80年代頃、入学、卒業、誕生日などのお祝いのときにはジャージャー麺をよく食べてたよ。

10. **もじゃもじゃ**頭を隠せるものは？

①장갑(手袋)　②모자(帽子)　③양말(靴下)　④코트(コート)

打ち出の小槌のようなものが本当にあったらいいね。

11. **とんとん**叩いたら出てくるものは？

①옷(服)　②공(ボール)　③돈(お金)　④물(水)

12. 「**あら、そう**」と分かったときに何と言う？

①잠깐만(ちょっと待って)　②알았어(分かったよ)
③모르겠어(分からない)　④괜찮아(大丈夫だよ)

正解

1-③、2-④、3-②、4-④、5-②、6-③、7-①、8-②、9-③、10-②、11-③、12-②

なぞなぞ

Q8. 컬러 사진을 찍어도 흑백으로 보이는 것은?

カラー写真を撮っても白黒に見えるのは？（答えは p.180）

第8章
電話

先日、友達と電話で話をしていて、びっくりしました。

霊感がある友達で、何か見えるときもあるそうだけど、
電話を切るとき、友達には私の姿が見えたかもしれません！
透視もできるの！

それとも、うちに隠しカメラ？

EPISODE 1

꼭 갈게요.
必ず行きますね。

꼭 VS 곧

電話で

꼭 놀러 오세요♡

OK

꼭 갈게요.

네~ 楽しみ~♪

NG

곧 갈게요.

왜 안 오지?

電話　第8章

CD-37

EXERCISE

꼭

꼭 갈게요.　　　　　　必ず行きますね。
ツコㇰ　カルッケヨ

꼭 가겠습니다.　　　　必ず行きます(意志)。
ツコㇰ　カゲッスムニダ

꼭 갈 거예요.　　　　必ず行くつもりです。
ツコㇰ　カル　ッコエヨ

곧

곧 갈게요.　　　　　　すぐ行きますね。
コッ　カルッケヨ

곧 가겠습니다.　　　　すぐ行きます(意志)。
コッ　カゲッスムニダ

곧 갈 거예요.　　　　すぐ行くつもりです。
コッ　カル　ッコエヨ

MEMO

　パッチム「ㄱ」と「ㄷ」は両方とも日本語の促音「っ」のように詰まる音ですが、韓国語ではそれぞれ違う音です。「꼭(曲)」は「こっか」の「こっ」のように舌を奥に引っ込めて発音します。また、「ㄲ」は濃音なので、「っこっ」のように発音します。一方、「곧(すぐ)」は「こった」の「こっ」のように舌先を上の歯と歯茎にしっかり付けて発音しましょう。
　また、「-(으)ㄹ게요」は「제가 할게요(私がやります)、이따 전화 할게요(あとで電話しますね)、여기서 기다릴게요(ここで待っていますから)、또 올게요(また来ますね)、먼저 갈게요(お先に帰ります)」などのように、約束や誓い、自分の意志を告げる場合に使う表現です。

EPISODE 2

버스가 안 와요.
バスが来ません。

버스 VS 보스

バス停で

OK
버스가 안 와요.

NG
보스가 안 와요.

EXERCISE

ㅓ　버스가 안 와요.　バスが来ません。
（ポスガ ア ヌァヨ）

ㅗ　보스가 안 와요.　ボスが来ません。
（ポスガ ア ヌァヨ）

MEMO

韓国語の母音「ㅓ」と「ㅗ」は両方とも日本語の「オ」に当たる発音ですが、実際の発音の仕方はそれぞれ違います。「버」は口を大きく開けて「ポ」、「보」は口を丸くして「ポ」なので、注意しましょう。

さて、日本語の外来語表記の「ア段音」は韓国語の「ㅏ(ア)」に対応する場合が多いですが、韓国語の「ㅓ(オ)」や「ㅐ(エ)」に対応する場合もあります。

①英語の発音が [a] ⇒「ㅏ(ア)」	「ローマ(Roma)：로마」 「アメリカ(America)：아메리카」
②英語の発音が [ʌ]・[ə] ⇒「ㅓ(オ)」	「コーヒー(coffee)：커피」 「ロンドン(London)：런던」 「スターバックス(Starbucks)：스타벅스」
③英語の発音が [æ] ⇒「ㅐ(エ)」	「ハム(ham)：햄」 「パス(pass)：패스」 「タクシー(taxi)：택시」

EPISODE 3

여긴 관광객들이 많네요.
ここは観光客が多いですね。

객 VS 개

電話で

거긴 어때요?

OK

관광객들이 많네요.

여긴요....

NG

관광개들이 많네요.

김치~

電話 第8章

CD-39

EXERCISE

객

ヨギン　クァングァンゲㇰトゥリ　マンネヨ
여긴 관광객들이 많네요.
　　　　　ここは観光客が多いですね。

ヨギン　クァングァン　ミョンソガ　マンネヨ
여긴 관광 명소가 많네요.
　　　　　ここは観光名所が多いですね。

ヨギン　ポルッコリガ　マンネヨ
여긴 볼거리가 많네요.
　　　　　ここは見どころが多いですね。

개

ヨギン　クァングァンゲドゥリ　マンネヨ
?여긴 관광개들이 많네요.
　　　　　?ここは観光犬が多いですね。

MEMO

「객」は「けっきょく」の「けっ」を発音するときと同じように舌を奥に引っ込めて発音します。舌はどこにも付きません。ところで、このパッチム「ㄱ」をしっかり発音しないと、「けっきょく」を「けきょく」のように発音するのと同じことになります。また、パッチム「ㄱ」のあとに母音が来るときは連音化(관광객이[관광개기])が起こりますが、母音が来ない場合は、パッチム「ㄱ」をしっかり発音しましょう。

EPISODE 4

찻잔을 네 개만 빌려 주세요.
ティーカップを4個だけ貸してください。

찻잔 VS 찬장

あの……

오늘 손님들이 오시는데요…

OK

찻잔을 네 개만 빌려 주세요.

모자라네요…

고마워요~

NG

찬장을 네 개만 빌려 주세요.

電話 第8章

CD-40

EXERCISE

찻

チャッチャヌル　ネ　ゲマン　ピルリョ　チュセヨ
찻잔을 네 개만 빌려 주세요.
ティーカップを4個だけ貸してください。

チャッチャヌル　ネ　ゲ　ピルリョッソヨ
찻잔을 네 개 빌렸어요.
ティーカップを4個借りました。

찬

チャンッチャンウル　ネ　ゲマン　ピルリョ　チュセヨ
찬장을 네 개만 빌려 주세요.
食器棚を4個だけ貸してください。

チャンッチャンウル　ネ　ゲ　ピルリョッソヨ
찬장을 네 개 빌렸어요.
食器棚を4個借りました。

MEMO

「찻잔(ティーカップ)」と「찬장(食器棚)」のパッチム「ㅅ、ㄴ、ㅇ」の発音に注意しましょう。パッチム「ㅅ」は代表音の［ㄷ[t]］として発音されます。「찻잔(ティーカップ)」の「찻」は「チャット」の「チャッ」と同じく舌先を上の歯と歯茎にしっかり付けて発音し、「잔」は「ざんねん」の「ざん」と同じく舌先を上の歯と歯茎にしっかり付けて発音しましょう。

また、「찬장(食器棚)」の「찬」は「チャンス」の「チャン」と同じく舌先を上の歯と歯茎にしっかり付けて発音します。また、「장」は「ジャンル」の「ジャン」と同じく舌はどこにも付きません。

119

EPISODE 5

들어가세요.
（電話を切るときに）さようなら。

들어가세요

それでは……

그럼…

OK

들어가세요.

네, 쉬세요~

NG

들어가세요.

어? 어떻게 안 앉지?
TOILET
몰래 카메라?!

電話　第8章

CD-41

EXERCISE

トゥロガセヨ
들어가세요.
　　　　　（電話を切るときに）さようなら。

ット　ヨルラク　トゥリルッケヨ
또 연락 드릴게요.　　　またご連絡いたします。

ックヌルッケヨ
끊을게요.　　　　　　　切りますね。

トゥロガセヨ
들어가세요.　　　　　入ってください。

MEMO

　一般的な「さようなら」は「(その場に残る人に対して)안녕히 계세요」、「(その場から去る人に対して)안녕히 가세요」です。くだけた表現としては「(その場に残る人に対して)잘 있어요」、「(その場から去る人に対して)잘 가요」などがあります。また、親しい友達や目下の人に使う場合は「(その場に残る人に対して)잘 있어」、「(その場から去る人に対して)잘 가」または「안녕(バイバイ)」だけでもOKです。
　一方、電話を切るときは「안녕히 계세요」、「안녕」などを使いますが、「入ってください」の意味の「들어가세요」も「さようなら」としてよく使います。

コラム

おばあちゃん、長生きしていますね。

　「大、犬、太」のように日本語には点が1つ違うだけで全く違う意味になる言葉がありますが、韓国語でも同じです。たとえば、「남(他人)」という文字の点を消すと「님(恋人)」になり、「님(恋人)」という文字に点を付けると「남(他人)」になります。また、「남(他人)」の母音を変えると「놈(野郎)」になります。ちなみに、これは男女の出会いから別れの過程(「남(他人)→님(恋人)→남(他人)→놈(野郎)」)をたとえたものでもあります。

　さてさて、韓国語は線と点で作られた母音と子音が組み合わさって文字になるので、この組み立て方、つまり、線の向きや方向、点の有無を間違えると全く違う文字になってしまいます。

　次は韓国語学習者や韓国人のSNSなどでよく見られる打ち間違いですが、単なる打ち間違い、書き間違いが失礼な表現や恥ずかしい表現になっています。このような間違いはぜひ避けたいものですね。

OK

할머니, 오래 사세요.
おばあちゃん、長生きしてくださいね。

신발 사이즈 몇이에요?
靴のサイズはいくつですか？

이건 서연 씨 것이에요?
これはソヨンさんのものですか？

엄마, 이거 봐.
お母さん、これ見て。

이것은 제 것이 아닙니다.
これは私のものではありません。

수요일에 만나요.
水曜日に会いましょう。

이게 뭐예요?
これは何ですか？

친한 친구예요.
親しい友達です。

사랑해~♥.
愛してる~。

NG

할머니, 오래 사네요.
おばあちゃん、長生きしていますね。

시발 사이즈 몇이에요?
ちきしょう！サイズはいくつですか？

이건 서연 씨 짓이에요?
これはソヨンさんの仕業ですか？

임마, 이거 봐.
この野郎、これ見ろ。

이것은 제 젓이 아닙니다.
これは私の塩辛ではありません。

수유일에 만나요.
授乳日に会いましょう。

이 개 뭐예요?
この犬は何ですか？

치한 친구예요.
痴漢の友達です。

사망해~♥.
死んでね~。

なぞなぞ

Q9. 훔치고 때리는 게 직업인 사람은?

盗んだり打ったりするのが職業の人は？
（答えは p.180）

第 9 章
SNS

最近、新しいスマートフォンに変えました。
以前より通信速度が速くて、画面も大きくて、軽くていいですね。

でもでも、
文字の打ち間違いがなかなか減らないのです。

送信ボタンを押してから、
もう何度あ〜あってなったことか……

EPISODE 1

화장실 앞에서 만나요.
トイレの前で会いましょう。

화장실 VS 학장실

今……

서영
지금 어디예요?
학교요.
나도 학끈데...
그럼, 어디에서 만날까요?

OK

화장실 앞에서 만나요.

화장실 앞에서 만나요~
네~ 이따 봐요 💚

NG

학장실 앞에서 만나요.

학장실 앞에서 만나요~
학장실요??

학장실은 좀…

EXERCISE

화
ファジャンシラペソ　マンナヨ
화장실 앞에서 만나요.
トイレの前で会いましょう。

학
ハクチャンシラペソ　マンナヨ
학장실 앞에서 만나요.
学長室の前で会いましょう。

MEMO

　韓国語は母音の縦や横の線の有無や向きによって意味が変わってしまいます。「화」と「학」のように複合母音の場合は間違いやすいので、書き方には常に注意しましょう。

　さて、位置を表す言葉には「앞(前)」のほかにも、「위(上)、아래 / 밑(下)、옆(横)、뒤(後)、사이(間)、안 / 속(中)、밖(外)」などがあります。「아래」と「밑」は両方とも「下」の意味で、たとえば「机の下」は「책상 아래、책상 밑」といいます。

　しかし、厳密にいえば「아래」は「위」とペアになる言葉で、物と少し離れた下側を指します。一方、「밑」は物の一番下の部分やくっついている部分を指し、密着性が特徴です。そこで、「윗사람(目上の人)⇔아랫사람(目下の人)、윗배(上腹)⇔아랫배(下腹)」の「위」は「밑」と入れ替えることができません。また、「발 밑의 점(足の裏のほくろ)、신발 밑창에 붙은 껌(靴の底にくっついているガム)」のように密着性があるものの場合は「아래」と入れ替えることができません。

EPISODE 2

왼쪽으로 가다가 오른쪽으로 가세요.
左に行って、右に行ってください。

가다가 / 가세요 VS 기다가 / 기세요

そちらにはどうやって……

어떻게 가면 돼요?

OK

왼쪽으로 가다가
오른쪽으로 가세요.

좌→우

여기

NG

왼쪽으로 기다가
오른쪽으로 기세요.

좌

우

EXERCISE

가
ウェンッチョグロ　カダガ　オルンッチョグロ　カセヨ
왼쪽으로 가다가
오른쪽으로 가세요.
　　　　　　左に行って、右に行ってください。

기
ウェンッチョグロ　キダガ　オルンッチョグロ　キセヨ
왼쪽으로 기다가
오른쪽으로 기세요.
　　　　　　左に這って、右に這ってください。

MEMO

「가」と「기」のように、母音「ㅏ」をうっかり「ㅣ」と書いてしまうスペルミス、みなさんも心当たり、ありませんか？

さて、「右に行ってください」は「오른쪽으로 가세요」、「左に行ってください」は「왼쪽으로 가세요」といいます。助詞「に」は韓国語で「-에」ですが、「가다(行く)、오다(来る)」などの移動動詞と一緒に使う場合の「左に、右に」は助詞「-(으)로(へ)」を使います。それぞれ「오른쪽에 가세요(×)、왼쪽에 가세요(×)」とはいいません。ちなみに、「右にあります」は「오른쪽에 있어요」、「左にあります」は「왼쪽에 있어요」といいます。

EPISODE 3

카페오레 스몰요.
カフェオレ、スモールお願いします。

스몰 VS 스물

コーヒーショップで

OK

카페오레 스몰요.

고마워!
자, 여기

NG

카페오레 스물요.

난 스몰 시켰는데…
이걸 봐

SNS 第9章

CD-44

EXERCISE

上

カペオレ　スモルリョ
카페오레 스몰요.
カフェオレ、スモールお願いします。

下

カペオレ　スムルリョ
카페오레 스물요.
カフェオレ、20個お願いします。

MEMO

「스몰(スモール)」と「스물(20)」のように韓国語の母音は縦の線の向きによって意味が変わります。単語を覚えたり、書いたりするときはこのような短い線にも注意しましょう。次も母音の縦の短い線の方向が上か下かによって意味が変わるものです。
- 공(ボール) : 궁(宮)
- 논(田んぼ) : 눈(目・雪)
- 돌(石) : 둘(2つ)
- 볼(頬) : 불(火)
- 봄(春) : 붐(ブーム)
- 솔(ブラシ) : 술(酒)

また、「-요」は聞き手に敬意を表す丁寧語ですが、ここでは「〜をください、お願いします」の意味で使われています。パッチムの後の「요」の発音はㄴ音が加わり、[뇨]になりますが、ここではㄹパッチムの後のㄴがㄹ変わる発音規則「流音化(스물요[스물뇨→스물료])」により[료]と発音します。

EPISODE 4

사진을 많이 찍었어요.
写真をたくさん撮りました。

사진 VS 시신

旅行の話……

여행 어땠어요?

OK

사진을 많이 찍었어요.

NG

시신을 많이 찍었어요.

SNS 第9章

CD-45

EXERCISE

사
サジヌル　マニ　ッチゴッソヨ
사진을 많이 찍었어요.
　　　　　　　写真をたくさん撮りました。

キョンチルル　マニ　ッチゴッソヨ
경치를 많이 찍었어요. 景色をたくさん撮りました。

サラムドゥルル　マニ　ッチゴッソヨ
사람들을 많이 찍었어요.
　　　　　　　人々をたくさん撮りました。

トンムルドゥルル　マニ　ッチゴッソヨ
동물들을 많이 찍었어요.
　　　　　　　動物たちをたくさん撮りました。

시
シシヌル　マニ　ッチゴッソヨ
시신을 많이 찍었어요.
　　　　　　　死体をたくさん撮りました。

MEMO

　母音「ㅏ」と「ㅣ」は、発音を間違える場合はほとんどありませんが、書くときにスペルを間違える場合が意外と多いので、注意しましょう。
　ところで、写真を撮るときの掛け声は、日本や英語圏では「はい、チーズ」ですが、韓国では「하나(1)、둘(2)、셋(3)、김치(キムチ)」です。撮られる側は「김치～(キムチぃ～)」と「치」を伸ばしていいます。日本と同じく「치즈(チーズ)」といったり、「스마일(スマイル)」といったりもしますが、やはり定番は「김치(キムチ)」です。

EPISODE 5

그저 죄송합니다.
大変申し訳ございません。

그저 VS 그거

先日は……

정말...
제 실수입니다...

OK

그저 죄송합니다

誠に申し訳ございませんでした。

그저...

NG

그거 죄송합니다

그럴 수도 있지 말야..

그거...

EXERCISE

クジョ　チェソンハムニダ
그저 죄송합니다.
大変申し訳ございません。

저

クジョ　チェソンスロプスムニダ
= 그저 죄송스럽습니다.

クジョ　チェソンハル　ップニムニダ
= 그저 죄송할 뿐입니다.

クジョ　チェソンハル　ッタルミムニダ
= 그저 죄송할 따름입니다.

거

クゴ　チェソンハムニダ
그거 죄송합니다.
それは悪かったですね。

MEMO

「ㅈ」と「ㄱ」のスペルミスはよく見られる間違いの1つです。「大」と「犬」のように漢字は点1つで意味が変わりますが、韓国語においても母音や子音の線の向きや有無によって意味が変わってしまうので、スペルには常に注意しましょう。

「그저」は「ただ、とにかく、なにとぞ」の意味なので、深く謝っている感じがしますが、「그거」は「それ」の意味なので、「그거 죄송합니다」というとやはり謝る気がないように聞こえます。

コラム

笑う門には福来る。

　みなさんは1日に何回笑えますか？今日何回笑えましたか？
　笑う門には福来る。韓国にも「웃으면 복이 와요(笑えば福が来る)」という言葉があります。笑うとストレスが解消され、医学的にも免疫力もアップするといわれています。つまり、笑うことは精神的にも身体的にもよいので、ポジティブな考え方が持てるようになり、すべてがうまくいく(ような気がする)ということではないでしょうか。その結果、些細なことからも幸せを感じることができるのかもしれません。
　さてさて、韓国では、SNSやインターネット上で「ㅎㅎ、ㅋㅋ」のように子音だけを使う場合がありますが、これは文章の最後に書く(笑)と同じ意味です。韓国の笑い声や様子を表す擬声語や擬態語は「ㅎ」や「ㅋ」で始まるものが多いからですが、日本語でも笑い声は「h」や「k」から始まるものが多いので、意外と覚えやすいです。「ㅎ」はフフと笑うときに、「ㅋ」は笑いをこらえ切れず、くすくすと笑うときに使います。また、「ㅎ」や「ㅋ」の数を増やすことで、笑いの度合いが高いことを意味することもできます。

ㅎㅎ

ㅎㅎㅎ

ㅋㅋㅋ

ㅋㅋㅋㅋㅋㅋㅋ

幸せだから笑うのではなく、笑うから幸せになる(행복해서 웃는 게 아니라 웃어서 행복한 것이다)。- W. ジェームズ -

それでは、今日まだ１回も笑っていない方、韓国語の笑い声で笑ってみましょう。

하하(はは)	호호(オホホ)	허허(はっはっ)
히히(ひひ)	헤헤(へへ)	푸하하(プハハ)
깔깔(からから)	껄껄(からから)	킥킥、큭큭(くすくす)

なぞなぞ

Q10. 뚱뚱해지면 하늘로 날아가는 것은?

太ってきたら空に飛んでいくのは？
（答えは p.180）

第10章
ショッピング②

韓国の伝統的なお土産を買うならやはり仁寺洞です。
いろいろな伝統茶も飲むことができるし、
いろいろなお店を見てまわるのも楽しくて、
大好きな場所です。

でも、たま〜に
私が言ったことが店員さんを困らせているみたいです。

EPISODE 1

이것도 주세요.
これもください。

이것 VS 이 갓

お土産屋で

얼마예요?

OK

이것도 주세요.

예뻐!

NG

이 갓도 주세요.

오 마이 갓 👟!!

140

EXERCISE

ㅓ

イゴット　チュセヨ
이것도 주세요.　これもください。

クゴット　チュセヨ
그것도 주세요.　それもください。

チョゴット　チュセヨ
저것도 주세요.　あれもください。

ㅏ

イ　ガット　チュセヨ
이 갓도 주세요.　この冠もください。

MEMO

母音「ㅓ」と「ㅏ」はよく間違えるスペルミスの1つなので、書くときは特にスペルに注意しましょう。

また、「이것(これ)」は会話では縮約形「이거」がよく使われます。ほかにも指示代名詞の縮約形には次のようなものがあります。

이것(이거)	이것이(이게)	이것은(이건)
これ	これが	これは
그것(그거)	그것이(그게)	그것은(그건)
それ	それが	それは
저것(저거)	저것이(저게)	저것은(저건)
あれ	あれが	あれは
어느것(어느거)	어느것이(어느게)	어느것은(어느건)
どれ	どれが	どれは

EPISODE 2

예쁜 자를 사려고요.
かわいい定規を買おうと思っています。

자 VS 차

友達のお土産に……

뭐 살 건데요?

OK

예쁜 자를 사려고요.

NG

예쁜 차를 사려고요.

짠! 선물이야!

대박!

ショッピング② 第10章

CD-48

EXERCISE

ㅈ

<small>イェップン　チャルル　サリョゴヨ</small>
예쁜 자를 사려고요.
かわいい定規を買おうと思っています。

<small>チョヌル　サリョゴヨ</small>
전을 사려고요.　　チヂミを買おうと思っています。

<small>チョンウル　サリョゴヨ</small>
종을 사려고요.　　ベルを買おうと思っています。

ㅊ

<small>イェップン　チャルル　サリョゴヨ</small>
예쁜 차를 사려고요.
かわいい車を買おうと思っています。

<small>チョヌル　サリョゴヨ</small>
천을 사려고요.　　生地を買おうと思っています。

<small>チョンウル　サリョゴヨ</small>
총을 사려고요.　　銃を買おうと思っています。

MEMO

「자(定規)」は、発音するときに息がほとんど出ない平音です。一方、「차(車、茶)」は発音するときに息が強く出る激音で、「자」より高めで発音します。平音「ㅈ」と激音「ㅊ」は発音だけでなく、スペルもよく間違えるので、注意しましょう。

さて、「学用品(학용품)、文具(문구)」にはほかにも「필통(筆箱)、지우개(消しゴム)、수정액(修正液)、책받침(下敷き)、샤프(シャープペンシル)、샤프심(シャーペンの芯)、가위(ハサミ)、칼(カッター)、형광펜(蛍光ペン)、색종이(色紙)、호치키스(ホッチキス)、물감(絵の具)、스카치 테이프(セロテープ)、컴퍼스(コンパス)、압정(画鋲)、각도기(分度器)」などがあります。

143

EPISODE 3

이거 싸 주세요.
これ包んでください。

싸 VS 사

すみません、これ……

이거…

OK

이거 싸 주세요.

예쁘게 싸 주세요~

NG

이거 사 주세요.

제발… 부탁이에요…

ショッピング② 第10章

CD-49

EXERCISE

ㅅ

イゴ ッサ チュセヨ
이거 싸 주세요.　　　　　これ包んでください。

クゴ ッサ チュセヨ
그거 싸 주세요.　　　　　それ包んでください。

チョゴ ッサ チュセヨ
저거 싸 주세요.　　　　　あれ包んでください。

ㅆ

イゴ サ チュセヨ
이거 사 주세요.　　　　　これ買ってください。

クゴ サ チュセヨ
그거 사 주세요.　　　　　それ買ってください。

チョゴ サ チュセヨ
저거 사 주세요.　　　　　あれ買ってください。

MEMO

　濃音「싸」と平音「사」の発音の違いに注意しましょう。濃音「싸」は喉を緊張させ、息が出ないようにこらえながら発音します。「あっさり」の「っさ」の発音と同じく「さ」の前に促音「っ」を入れて発音すればOKです。平音「사」より高めに発音します。

　「싸다」はほかにも「선물을 싸다(プレゼントを包装する)、도시락을 싸다(お弁当を作る)、짐을 싸다(荷造りをする)」などのように使います。

　また、ファーストフードで注文するときに聞かれる表現「가져가실 거예요?(お持ち帰りですか?)、여기서 드실 거예요?(ここで召し上がりますか?)」に対して持ち帰るときにも「싸 주세요(包んでください:持ち帰ります)」といいます。

145

EPISODE 4

찐빵 한 개에 얼마예요?
あんまん、1個、おいくらですか？

찐빵 VS 찐 밤

あの……

저기요…

OK

찐빵 한 개에 얼마예요?

네, 한 개에…

NG

찐 밤 한 개에 얼마예요?

これ、売り物ではないんだけど…

나 아니고?

ショッピング②　第10章

CD-50

EXERCISE

빵

ッチンッパン　ハン　ゲエ　オルマエヨ
찐빵 한 개에 얼마예요 ?
あんまん、1個、おいくらですか？

밤

ッチン　バム　ハン　ゲエ　オルマエヨ
찐 밤 한 개에 얼마예요 ?
ゆでた栗、1個、おいくらですか？

MEMO

「찐빵(あんまん、蒸しパン)」の「빵」と「찐 밤(ゆでた栗)」の「밤」の発音の違いに注意しましょう。「빵」は「ッパン」を息が出ないように発音し、最後に唇は開けます。濃音「ㅃ」とパッチム「ㅇ」の発音がポイントになります。一方、「밤」は唇をしっかり閉じて発音しましょう。濃音「ㅃ」と平音「ㅂ」の違いによって意味が変わるものには、ほかに次のようなものがあります。

- 뼈(骨)：벼(稲)
- 뿌리(根)：부리(くちばし)
- 뿐(だけ)：분(分)
- 뿔(角)：불(火)

さて、「찐빵」は「호빵」ともいいますが、韓国の「찐빵、호빵」にも「단팥호빵(あんまん)、야채호빵(野菜まん)、피자호빵(ピザまん)、카레호빵(カレーまん)、고구마호빵(さつまいもまん)」などいろいろな種類があります。

EPISODE 5

집에서 피자를 만들었어요.
家でピザを作りました。

피자 VS 비자

ショッピング中

그런데 주말에 뭐 했어요?

OK

집에서 피자를 만들었어요.

으샤!

NG

집에서 비자를 만들었어요.

ㅋㅋ…

EXERCISE

ㅍ
チベソ　ピザルル　マンドゥロッソヨ
집에서 피자를 만들었어요.
家でピザを作りました。

ㅂ
チベソ　ビザルル　マンドゥロッソヨ
?집에서 비자를 만들었어요.
?家でビザを作りました。

MEMO

　激音「ㅍ」は息が強く出る音［pʰ］で、平音「ㅂ」より勢いよく高めで発音します。日本語話者は、語頭の平音「ㅂ」と激音「ㅍ」を区別せず、同じ音として発音してしまう場合がありますが、息が出たら、韓国人の耳には激音「ㅍ」と聞こえてしまいます。ちなみに、「피자(ピザ)」と「비자(ビザ)」の場合は日本語とほとんど同じ発音なので、［ピザ］、［ビザ］と発音しても構いません。

　激音「ㅍ」と平音「ㅂ」の違いによって意味が変わるものには、ほかに次のようなものがあります。

- ●피(血)：비(雨)
- ●폼(フォーム)：봄(春)
- ●풀(草)：불(火)
- ●폭(幅)：복(福)
- ●푹(ぐっすり、ぶすっと)：북(太鼓)

コラム

信じるか信じないかはあなた次第です。

　韓国では扇風機をつけたまま寝ると死ぬという都市伝説があります。日本にも似たような話がありますが、他の国ではあまり聞かない話で、ネット上で「Fan Death」について論争になったこともあります。

　そして、日本と同様に韓国でも「夜に口笛を吹くとヘビが出る」といいます。また「足をゆすると福が逃げていく」という迷信もありますが、これは日本の「貧乏ゆすり」と同じ意味になります。

　ほかにも日本では「夜に爪を切ると親の死に目に会えない」といいますが、韓国では夜に爪を切ると、切った爪を食べたねずみが本人に化けるといいます。昔は爪切りがなく、刃物で爪を切っていましたが、現在のような照明がない夜に爪を切ると暗くて危ないという戒めからだそうです。このようにタブーや迷信からはご先祖様の知恵を垣間見ることもできます。

　それでは、韓国のタブーや迷信、都市伝説についてみてみましょう。

①包丁をプレゼントしてはいけない。

　包丁をプレゼントするとその人との関係が切れるといわれています。そこで、もし包丁をプレゼントされたら、お金を渡してそれを買ったことにします。

②ハンカチや履物を恋人にプレゼントしてはいけない。

　ハンカチは涙をぬぐうものなので、ハンカチをプレゼントするとカップルが別れるといわれています。また、履物をプレゼントすると恋人がそれを履いて逃げていくそうです。

③徳寿宮の石垣道を歩くカップルは別れる。

　徳寿宮の石垣道(덕수궁 돌담길)を歩く恋人同士は別れてしまうといわれています。ドラマや映画などでもよく登場する有名なお別れスポットです。

④ご飯にスプーンを刺してはいけない。

　韓国では法事のときにご飯にスプーンを刺しておくので、この行為は「死」を意味します。そこで、生きている人のご飯にスプーンを刺す行為はタブーとされています。

⑤寝ている人の顔に落書きをしてはいけない。

　寝ている間は魂が抜けて、夜明けに戻ってくるのですが、顔に落書きがされていると、自分の身体が分からなくなり、永遠に目覚めないといわれています。

⑥大晦日の夜、早く寝ると眉が白くなる。

　子供たちを遅くまで起こさせて、家族一同で新年を迎えさせるためだそうです。早く寝てしまった子供には小麦粉で眉を白くするいたずらをする人もいます。

⑦韓国の非常事態にはテコンＶが現れる。

　韓国で戦争などの非常事態が起こると、南山のＮソウルタワーから発射されたレーザービームを汝矣島(여의도)にある63ビルが受け、国会議事堂に送り届けます。すると、国会議事堂の丸屋根が開き、テコンＶ(태권Ｖ：ロボット)が現れ、韓国を危機から救うという仕組みです。

　信じるか信じないかはあなた次第です。

なぞなぞ

Q11. 편지를 먹고 사는 것은?

手紙を食べて生きるのは？（答えはp.180）

POST

第11章
韓国語の授業で

今日、作文の時間に
先生にすごく失礼なことを書いてしまいました。

どうしましょう……

EPISODE 1

저녁에 스튜를 먹을 거예요.
夜、シチューを食べるつもりです。

스튜 VS 시츄

晩ご飯は……

뭐 먹을 거예요?

OK

스튜를 먹을 거예요.

じっくり
コトコト♪

NG

시츄를 먹을 거예요.

韓国語の授業で　第11章

CD-52

EXERCISE

チョニョゲ　ステュルル　モグル　ッコエヨ
저녁에 스튜를 먹을 거예요.
夜、シチューを食べるつもりです。

チョニョゲ　ビプ　ステュルル　モグル　ッコエヨ
저녁에 비프 스튜를 먹을 거예요.
夜、ビーフシチューを食べるつもりです。

チョニョゲ　クリム　ステュルル　モグル　ッコエヨ
저녁에 크림 스튜를 먹을 거예요.
夜、クリームシチューを食べるつもりです。

チョニョゲ　シチュルル　モグル　ッコエヨ
?저녁에 시츄를 먹을 거예요.
?夜、シーズーを食べるつもりです。

MEMO

「シチュー」は韓国語で「스튜」といいます。外来語の場合、「バナナ‐바나나」、「チキン‐치킨」、「トマト‐토마토」などのように日本語と発音が同じものが多いですが、全く違うものもあります。「シチュー」をそのまま韓国語で発音すると「시츄」ですが、これは犬の「シーズー」になります！

韓国には「보신탕(補身湯)」という犬鍋の料理がありますが、これは牛や豚のように食用として飼われた犬で作る料理で、「シーズー」のようなペットはもちろん食べません。韓国人の中にも食べない人は多いのですが、美容や健康にいい食べ物なので、最近は外国人もチャレンジする人が増えています。

EPISODE 2

전 이 친구가 부러워요.
私はこの友達がうらやましいです。

부러워요 VS 부끄러워요

好きな友達について……

저는요…

OK

이 친구가 부러워요.

NG

이 친구가 부끄러워요.

EXERCISE

チョン イ チングガ プロウォヨ
전 이 친구가 부러워요.
私はこの友達がうらやましいです。

チョン イ チングガ プックロウォヨ
전 이 친구가 부끄러워요.
私はこの友達が恥ずかしいです。

MEMO

「부럽다(うらやましい)」と「부끄럽다(恥ずかしい)」はよく間違えるスペルミスの1つなので、注意しましょう。

「恥ずかしい」は韓国語で「부끄럽다」ですが、ほかに「창피하다、쑥스럽다、쪽팔리다」ともいいます。「부끄럽다」と「창피하다」はほぼ同じ意味で使いますが、「창피하다」は「横断歩道で転んで恥ずかしい(횡단보도에서 넘어져서 창피하다)」のように体面にかかわる恥ずかしさで、他人を意識しての恥ずかしさを意味します。

一方、「부끄럽다」は「嘘をついた自分自身が恥ずかしい(거짓말을 한 내 자신이 부끄럽다)」のように判断基準は自分の中にあって、自分自身に対する恥ずかしさを意味します。

また、「쑥스럽다」は「自分が言うのも照れくさい(내가 말하는 것도 쑥쓰럽다)」のように照れくさいことを意味します。「쪽팔리다」は若者の言葉なので目上の人や公の場では使わない方がいいです。

EPISODE 3

고향 집에 갔다 왔어요.
実家に行ってきました。

고향 집 VS 친정

週末は……

주말에 뭐 했어요?

OK

고향 집에 갔다 왔어요.

NG

친정에 갔다 왔어요.

えっ！女だったの？

韓国語の授業で 第11章

CD-54

EXERCISE

コヒャン チベ カッタ ワッソヨ
고향 집에 갔다 왔어요.
実家に行ってきました。

チョガッチベ カッタ ワッソヨ
처갓집에 갔다 왔어요.
妻の実家に行ってきました。

シデゲ カッタ ワッソヨ
시댁에 갔다 왔어요. 夫の実家に行ってきました。

チンジョンヘ カッタ ワッソヨ
친정에 갔다 왔어요.
(女性が)実家に行ってきました。

MEMO

「実家」は「고향 집、친정」といいますが、「친정」は結婚した女性の実家を指すので、男性は使いません。「고향」は「故郷、ふるさと」を表すので、実家が首都の東京やソウルであれば、実家は「집」といってもOKです。そこで、「고향 집에 갈 거예요(実家に帰る予定です)」というと、実家は東京やソウルではないことが分かります。

また、夫からして妻の実家は「처가、처갓집」、妻からして夫の実家は「시집、시댁」といいます。

EPISODE 4

선생님, 감탄했어요.
先生、感心しました。

감탄했어요 VS 기특해요

先生のお宅で

초대해 주셔서 감사합니다~

OK

감탄했어요.

사스가 お料理 先生~
선생님, 짱!!
다~ 맛있어요~

NG

기특해요.

よし, よし...
いい子ねぇ...
や, やめて...

EXERCISE

<ruby>선생님<rt>ソンセンニム</rt></ruby>, <ruby>감탄했어요<rt>カムタネッソヨ</rt></ruby>.
先生、感心しました。

<ruby>감동했어요<rt>カムドンヘッソヨ</rt></ruby>.　　　　感動しました。

<ruby>대단하세요<rt>テダナセヨ</rt></ruby>.　　　　すごいですね。

?<ruby>선생님<rt>ソンセンニム</rt></ruby>, <ruby>기특해요<rt>キトゥケヨ</rt></ruby>.
?先生、偉いですね。

<ruby>착해요<rt>チャケヨ</rt></ruby>.　　　　いい子ですね。

<ruby>잘했어요<rt>チャレッソヨ</rt></ruby>.　　　　よくできました。

MEMO

「感心しました」は韓国語で「감탄했어요、기특해요」といいますが、それぞれ使う相手が違います。「감탄했어요」と「기특해요」は両方とも心に深く感じること、感動することを表します。ところで、「기특해요」は特に子供に対して使う表現で、「偉いですね、いい子ですね」というニュアンスになるので、目上の人には失礼な表現になります。

EPISODE 5

선생님께
先生へ

선생님께 VS 선생님개

作文の時間に……

日ごろ お世話になっている 先生に…
편지를 써 보세요.

작문

OK

선생님께

선생님♡

…를
도움이 됩니다
감사합니다

NG

선생님개

쓸 말이 없네…

에이, 뭐라고 쓰지?

감사합니다
감사합니다

韓国語の授業で　第11章

CD-56

EXERCISE

께

선생님께 （ソンセンニムッケ）　先生へ
아버님께 （アボニムッケ）　父上へ
어머님께 （オモニムッケ）　母上へ

개

?선생님개 （ソンセンニムゲ）　?先生犬

MEMO

「-께(에)」は「-에게(에)」の尊敬語ですが、手紙を書く場合の「～へ」も「-께」を使います。

濃音「께」は「ほっけ」の「っけ」、平音「개」は「け」を発音するつもりで発音しましょう。ちなみに、「ㅔ」と「ㅐ」の発音は厳密にいえば、「ㅔ」は普通に［エ］、「ㅐ」は唇を横に引いて［エ］と発音しますが、実際には区別しないで両方とも［エ］で大丈夫です。スペルにだけ注意しましょう。

ところで、この「께」と「개」の発音とスペルは特に注意しなければなりません。「개」は動物の犬の意味だけでなく、「개꿈（つまらない夢）」、「개죽음（犬死に）」、「개판（めちゃくちゃ）」、「개망신（赤恥）」などのように、一部の名詞について「不良の、つまらない～」などの意味を表す接尾辞としても使われるので、人に使うと非常に失礼な表現になってしまいます。

コラム

メールや手紙の書き方

　メールや手紙を書くときの宛名「〜へ」は、韓国語で書くと「-께(に)」または「-에게(に)」になります。友達や年下なら「-에게」を、目上の人や丁寧な表現なら「-께」を使います。「-에게」の場合、名前の最後の文字にパッチムがなければ「-에게」を、パッチムがあれば「-이에게」を付けます。たとえば、「지우→지우에게(チウへ)、용준→용준이에게(ヨンジュンへ)」など。「-께(に)」の場合は、「名前＋님께(様へ)」、「肩書き＋님께(様へ)」、「名前＋肩書き＋님께(様へ)」という形式で書きます。たとえば、「박지우 님께(パク・チウさんへ)、선생님께(先生へ)、최용준 사장님께(チェ・ヨンジュン社長様へ)、이용하 과장님께(イ・ヨンハ課長へ)」など。また、名前の前に「사랑하는(愛する〜)、보고 싶은(会いたい〜)、존경하는(尊敬する〜)」を入れる場合もあります。

　そして、メールや手紙で自分の名前の後に付ける「拝」は韓国語で「드림、올림」ですが、親、先生、上司のように上下関係、序列がはっきりしている場合は「올림」を、上下関係ではないけれど、相手を立てる場合には「드림」を使います。一般的に「드림」より「올림」の方がより丁寧な感じがします。

　また、友達に使う署名「〜より」は助詞「が」に当たる「-이、-가」を使いますが、名前を書く場合は、名前にパッチムがなければ「-가」(たとえば、「지우→지우가(チウより)」)を、パッチムがあれば「-이가」(たとえば、「용준→용준이가(ヨンジュンより)」)を付けます。

　また、封筒の宛名「様」のところには「님(様)」または「귀하(貴下、様)」と書きますが、一般的には「귀하」がよく使われます。同等の相手や目下の相手には「앞(前)」とも書きます。

받는 사람	□내게쓰기		주소록

제목 한준규 선생님 안녕하세요.

한준규 선생님께

선생님 그동안 안녕하셨습니까?
졸업한 지 벌써 삼 년이 지났습니다.

……………………………………

그럼 또 연락드리겠습니다.
몸 건강히 안녕히 계세요.

2012년 6월22일
　임건후 올림

받는 사람	□내게쓰기		주소록

제목 제목 지후야, 안녕?

사랑하는 지후에게

지후야, 그동안 잘 지냈니?
미국 생활은 익숙해졌니?
정말 보고 싶다.
……………………………………
그럼 새해 복 많이 받고 행복한 한해가 되길 바래.
또 연락할게.

2013년 1월 1일 새해 아침에
　민경이가

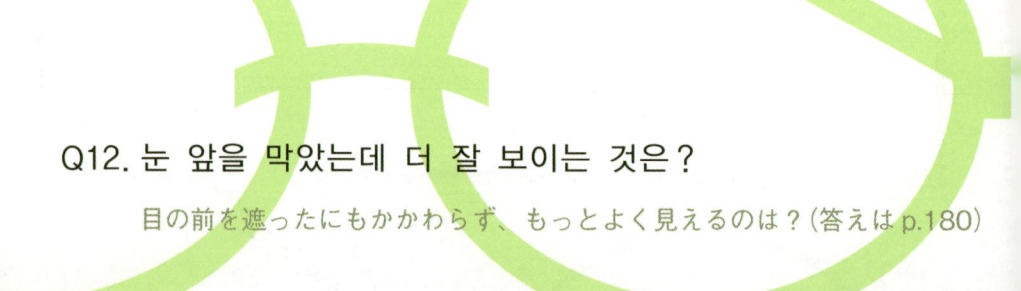

なぞなぞ

Q12. 눈 앞을 막았는데 더 잘 보이는 것은?

目の前を遮ったにもかかわらず、もっとよく見えるのは？（答えは p.180）

第12章
友達とおしゃべり②

最近、新しい習い事を始めました。
友達にそれを話したら、とても驚いていました。

また変なことを言ったのかも！

EPISODE 1

실제 악기로 연주해요.
実際の楽器で演奏します。

악기 VS 아기

音楽教室で

OK

실제 악기로 연주해요.

NG

실제 아기로 연주해요.

EXERCISE

<small>シルッチェ アㇰキロ ヨンジュヘヨ</small>
실제 악기로 연주해요.
　　　　　実際の楽器で演奏します。

<small>ピアノロ ヨンジュヘヨ</small>
피아노로 연주해요.　　ピアノで演奏します。

<small>バイオㇽリヌロ ヨンジュヘヨ</small>
바이올린으로 연주해요.
　　　　　バイオリンで演奏します。

<small>チェㇽロロ ヨンジュヘヨ</small>
첼로로 연주해요.　　チェロで演奏します。

<small>シルッチェ アギロ ヨンジュヘヨ</small>
?실제 아기로 연주해요.
　　　　　?実際の赤ちゃんで演奏します。

MEMO

　パッチム「ㄱ」の発音がポイントになります。パッチム「ㄱ」をしっかり発音しないと意味が変わってしまうので、発音に注意しましょう。パッチム「ㄱ」を発音するとき、舌はどこにも付きません。「악기(楽器)」の「악」は「あっか」の「あっ」を発音するときと同じく舌を奥に引っ込めて発音します。また、「악기(楽器)」はパッチム「ㄱ」の後に平音「ㄱ」が来るので、濃音化が起こり、[악끼]と発音します。一方、「아기(赤ちゃん)」は母音「아」の後に平音「ㄱ」が来るので、有声音化が起こり[agi]と発音します。

EPISODE 2

군대에서 포복 연습을 했어요.
軍隊で匍匐練習をしました。

포복 VS 보복

軍隊で

매일 매일…

OK
포복 연습을 했어요.

헉…헉…

NG
보복 연습을 했어요.

友達とおしゃべり② 第12章

CD-58

EXERCISE

ㅍ クンデエソ ポボンニョンスブル ヘッソヨ
군대에서 포복 연습을 했어요.
軍隊で匍匐練習をしました。

ㅂ クンデエソ ポボンニョンスブル ヘッソヨ
?군대에서 보복 연습을 했어요.
?軍隊で報復練習をしました。

MEMO

　「포복(匍匐)」の「포」は、発音する際に息が強く出る激音で、「보」より高めで発音します。一方、「보복(報復)」の「보」は発音する際に息がほとんど出ない平音です。

　韓国には兵役の義務があって、男性は満18歳になると徴兵検査を受け、その結果によって免除されたり、現役の服務の期間が決められたりします。一般的には大学在学中に休学して行くケースが多いですが、通常1度だけ召集を延期することができます。ただし、30歳前には入隊しなければなりません。また、服務の期間は約2年間なので、一般人だけでなく、芸能人にはそのブランクはいろいろな面で大変です。そこで、服務の間、恋人と別れたりする悲しいケースも多いです。しかし、服務を終えると男らしく責任感も強くなるので、得られるものも少なくありません。

EPISODE 3

뿔테 안경을 샀어요.
角縁メガネを買いました。

뿔테 VS 풀테

この間……

OK

뿔테 안경을 샀어요.

伊達メガネですけどね…

NG

풀테 안경을 샀어요.

やはり環境にやさしいのが最高！

EXERCISE

ㅃ

뿔테 안경을 샀어요.
<small>ップルテ アンギョンウル サッソヨ</small>
角縁メガネを買いました。

선글라스를 샀어요.
<small>ソングルラスルル サッソヨ</small>
サングラスを買いました。

콘택트 렌즈를 샀어요.
<small>コンテクトゥ レンズルル サッソヨ</small>
コンタクトレンズを買いました。

ㅍ

?풀테 안경을 샀어요.
<small>プルテ アンギョンウル サッソヨ</small>
?草縁メガネを買いました。

MEMO

「뿔(角)」の「ㅃ」は濃音なので、「アップル」の「ップル」のように発音しますが、息が出ないように注意しましょう。息が出たら激音「풀(草)」になります。

さて、メガネの種類は日本と同じく「뿔테 안경(角縁メガネ)」には「원형뿔테 안경(丸い角縁メガネ)、사각뿔테 안경(四角い角縁メガネ)」などがあり、ほかにも「금테 안경(金縁メガネ)、은테 안경(銀縁メガネ)、무테 안경(縁なしメガネ)、などがあります。また、「伊達メガネ」は「멋으로 쓰는 안경(おしゃれのためにかけるメガネ)」といいます。

EPISODE 4

어제 아이가 처음으로 기었어요.
昨日、赤ちゃんが初めてハイハイしました。

기었어요 VS 끼었어요

昨日、うちの子が……　처음으로…

OK

처음으로 기었어요.

NG

처음으로 끼었어요.

友達とおしゃべり② 第12章

CD-60

EXERCISE

기

オジェ　アイガ　チョウムロ　キオッソヨ
어제 아이가 처음으로 기었어요.
昨日、赤ちゃんが初めてハイハイしました。

チョウムロ　アンジャッソヨ
처음으로 앉았어요.　　　初めて座りました。

チョウムロ　コロッソヨ
처음으로 걸었어요.　　　初めて歩きました。

チョウムロ　マレッソヨ
처음으로 말했어요.　　　初めてしゃべりました。

끼

オジェ　アイガ　チョウムロ　ッキオッソヨ
?어제 아이가 처음으로 끼었어요.
?昨日、赤ちゃんが初めて挟まれました。

MEMO

　濃音「ㄲ」は平音「ㄱ」の発音の違いがポイントになります。「끼」は「さっき」の「っき」を発音するつもりで発音すればOKですが、息が出ないように注意しましょう。息が出たら激音「ㅋ」に聞こえます。また、「기」は「キ」と発音すればOKです。

EPISODE 5

저는 벌레를 좋아해요.
私は虫が好きです。

벌레를 좋아해요 VS 벌레가 좋아해요

実は、私……

실은요…

OK

벌레를 좋아해요.

헤…♪ 정말 예쁘지 않아요?

NG

벌레가 좋아해요.

本当に困ってます…

友達とおしゃべり② 第12章

CD-61

EXERCISE

チョヌン　ポルレルル　チョアヘヨ
저는 벌레를 좋아해요.
私は虫が好きです。

チョヌン　ポルレガ　チョアヨ
저는 벌레가 좋아요.　　　私は虫が好きです。

チョヌン　ポルレルル　シロヘヨ
저는 벌레를 싫어해요.　　私は虫が嫌いです。

チョヌン　ポルレガ　シロヨ
저는 벌레가 싫어요.　　　私は虫が嫌いです。

ポルレガ　チョルル　チョアヘヨ
?벌레가 저를 좋아해요.
?私は虫に好かれます。

MEMO

「〜が好きです」、「〜が嫌いです」は韓国語で「-를/을 좋아해요」、「-를/을 싫어해요」といいます。助詞「が」は韓国語で「-가/이」ですが、ここでは助詞「を」に当たる「-를/을」を使います。助詞を間違えると「벌레가 좋아해요(虫が(私の事が)好きです)」のように全く違う意味になってしまうので、注意しましょう。

また、似た表現には「좋아요(よいです) / 싫어요(いやです)」がありますが、これらは一緒に使われる助詞が違いますので、注意しましょう。

〜が好きです	① -를 / 을 좋아해요 ② -가 / 이 좋아요
〜が嫌いです	① -를 / 을 싫어해요 ② -가 / 이 싫어요

コラム

ちょこっと脳トレーニング

　韓国語を使ったちょこっとした脳トレーニングです。韓国語があまり分からなくてもできます。

1. 次の□に入る数字は何ですか？

ヒント

희노애락(喜怒哀楽) →0
유일무이(唯一無二) →3
팔방미인(八方美人) →8
일확천금(一攫千金) →1001

(1) 일석이조(一石二鳥) →□
(2) 칠전팔기(七転八起) →□
(3) 백발백중(百発百中) →□
(4) 십중팔구(十中八九) →□
(5) 삼삼오오(三三五五) →□
(6) 마이동풍(馬耳東風) →□
(7) 사방팔방(四方八方) →□
(8) 구사일생(九死一生) →□

2. 次の□に入る数字は何ですか？

ヒント

가수(歌手) →0
사랑(愛) →1
할아버지(おじいさん) →2
원숭이(猿) →3

(1) 장난감(おもちゃ) →□
(2) 양말(靴下) →□
(3) 고양이(猫) →□
(4) 영화(映画) →□
(5) 별(星) →□
(6) 호랑이(トラ) →□
(7) 강아지(子犬) →□
(8) 창문(窓) →□

3. 次の鏡に映った単語はどれですか？
   (1) 고기　①가구（家具）　②기구（器具）
   　　　　　③고기（肉）　　④거기（そこ）

   (2) 책상　①책자（冊子）　②책장（本棚）
   　　　　　③책방（本屋）　④책상（机）

   (3) 물　　①물（水）　　　②달（月）
   　　　　　③불（火）　　　④둘（２つ）

   (4) 시간　①시간（時間）　②사장（社長）
   　　　　　③사각（四角）　④시작（始め）

   (5) 동물원　①공무원（公務員）　②동물원（動物園）
   　　　　　　③동문회（同窓会）　④종업원（従業員）

正解

1. 数字の漢字の合計が答えです。
   (1)-3、(2)-15、(3)-200、(4)-27、(5)-16、(6)-0、(7)-12、(8)-10
2. 「ㅇ」の合計が答えです。
   (1)-1、(2)-2、(3)-3、(4)-3、(5)-0、(6)-3、(7)-2、(8)-1
3. (1)-③、(2)-④、(3)-④、(4)-①、(5)-②

なぞなぞの答え

- 12　Q1. 배（腹、船、梨）
- 26　Q2. 개구리（蛙）
- 40　Q3. 땀（汗）
- 54　Q4. 유모차（ベビーカー）
- 68　Q5. 화장실（トイレ）
- 82　Q6. 자전거（自転車）
- 96　Q7. 은행나무（イチョウ（은행：銀行、나무：木））
- 110　Q8. 판다（パンダ）、펭귄（ペンギン）
- 124　Q9. 야구선수（野球選手）
- 138　Q10. 풍선（風船）
- 152　Q11. 우체통（ポスト）
- 166　Q12. 안경（メガネ）

索引

ㄱ

- 113　가겠습니다（行きます（意志））
- 108, 179　가구（家具）
- 108　가만히（じっと）
- 81　가맣다（非常に黒い）
- 91　가방을 들다（カバンを持つ）
- 128, 129　가세요（行ってください）
- 178　가수（歌手）
- 143　가위（ハサミ）
- 145　가져가실 거예요?（お持ち帰りですか?）
- 22, 23　가족（家族）
- 91　가지고 있다（持っている）
- 91　가지다（持つ）
- 108　가짜（偽物）
- 22, 23　가축（家畜）
- 143　각도기（分度器）

- 65　간（肝）
- 107　간단（簡単）
- 107　간단합니다（簡単です）
- 66　간이 떨어지다（大変驚く）
- 87　간장（お醤油）
- 112, 113　갈게요（行きますね）
- 37　감（柿）
- 91　감기가 들다（風邪を引く）
- 161　감동했어요（感動しました）
- 161　감탄했어요（感心しました）
- 37　갑（甲）
- 140, 141　갓（冠）
- 158, 159　갔다 왔어요（行ってきました）
- 65　강（川）
- 58, 59, 178　강아지（子犬）
- 22, 23　같이（一緒に）
- 116, 117, 162, 163　개（犬）
- 163　개꿈（つまらない夢）
- 49　개다（晴れる）
- 163　개망신（赤恥）
- 163　개죽음（犬死に）
- 25　개코（犬の鼻）
- 163　개판（めちゃくちゃ）
- 81　갸웃갸웃（首をかしげる様子）
- 179　거기（そこ）
- 108　거울（鏡）
- 71　거의（ほとんど）
- 157　거짓말을 한 내 자신이 부끄럽다（嘘をついた自分自身が恥ずかしい）
- 81　거칠거칠（がさがさ）
- 34, 35　검（剣）
- 175　걸었어요（歩きました）
- 20, 21　결혼 사진（結婚写真）
- 94　경상도（慶尚道）

133	경치 (景色)		(人の意見に左右されやすい)
147	고구마호빵 (さつまいもまん)	33	귀걸이 (イヤリング)
51, 179	고기 (肉)	73	귀엽네요 (かわいいですね)
178	고양이 (猫)	164	귀하 (貴下, 様)
25	고양이 세수하기 (猫の洗顔)	85	그 (その)
158, 159	고향 집 (実家)	141	그것 (그거) (それ)
159	고향 집에 갈 거예요 (実家に帰る予定です)	141	그것은 (그건) (それは)
		141	그것이 (그게) (それが)
112, 113	곧 (すぐ)	134, 135	그저 (ただ、とにかく、なにとぞ)
37	곰 (熊)	84, 85	극장 (映画館)
24	곰 같다 (熊みたい)	49	글 (文)
37	곱 (倍)	99	금메달 (金メダル)
109	공 (ボール)	75	금상 (金賞)
15, 179	공무원 (公務員)	173	금테 안경 (金縁メガネ)
109	공부 (勉強)	179	기구 (器具)
107	공부하다 (勉強する)	128, 129	기다가 (這って)
107	공부합니다 (勉強します)	113	기다릴게요 (待っていますから)
12	과일 (果物)	109	기린 (キリン)
116, 117	관광객 (観光客)	128, 129	기세요 (這ってください)
117	관광 명소 (観光名所)	174, 175	기었어요 (ハイハイしました)
109	괜찮아 (大丈夫だよ)	61	기침이 났어요 (咳が出ました)
49	괴다 (たまる)	160, 161	기특해요 (偉いですね)
15	교사 (教師)	91	길이 들다 (使い慣れる)
85	구 (9)	46, 47	김밥 (のり巻き)
81	구기다 (しわくちゃにする)	50, 51, 133	김치 (キムチ)
81	구불구불 (くねくね)	31	까만색 (黒色)
178	구사일생 (九死一生)	81	까맣다 (真っ黒い)
21	국어사전 (国語辞典)	51	깍두기 (カクテギ)
84, 85	국장 (局長)	137	깔깔 (からから)
170, 171	군대 (軍隊)	81	깜깜하다 (真っ暗だ)
49	굴 (牡蠣)	81	깜박 (うっかり)
131	궁 (宮)	81	깜빡 (うっかり)
66	귀가 가렵다 (耳がかゆい)	108	깨끗이 (きれいに)
67	귀가 얇다	49	깨다 (覚める)

181

81 꺄웃꺄웃 (首をかしげる様子)	71 나의 가족 (私の家族)
81 꺼칠꺼칠 (かさかさ)	91 나이가 들다 (年を取る)
137 껄껄 (からから)	29 날다 (飛ぶ)
34, 35 껌 (ガム)	73 날씬하네요 (すらっとしていますね)
35 껌값 (ガムの値段)	37, 122 남 (他人)
35 껌딱지 (道端やアスファルトにくっつ いているなかなか取れないガム)	29 남다 (余る、残る)
	37 납 (鉛)
35 껌딱지 부부 (仲良し夫婦)	157 내가 말하는 것도 쑥쓰럽다 (自分が言うのも照れくさい)
35 껌딱지 아들 (仲良し息子)	
35 껌딱지 친구 (仲良し友達)	29 널다 (洗濯物などを干す)
35 껌딱지 커플 (仲良しカップル)	29 넘다 (超える)
162, 163, 164 −께 (に)	118, 119 네 개 (4個)
112, 113 꼭 (必ず)	30, 31 노란 새 (黄色い鳥)
99 꽃을 따다 (花を摘む)	30, 31 노란색 (黄色)
49 꾀다 (たかる)	109 노래 (歌)
81 꾸기다 (しわくちゃにする)	131 논 (田んぼ)
81 꾸불꾸불 (くねくね)	122 놈 (野郎)
48, 49 꿀 (ハチミツ)	85 누리다 (享受する)
49 끌 (鑿 (のみ))	104, 105, 131 눈 (目・雪)
47 끓다 (沸く)	166 눈 앞 (目の前)
121 끊을게요 (切りますね)	66 눈에 넣어도 아프지 않다 (目に入れても痛くない)
47 끓이다 (沸かす)	
174, 175 끼었어요 (挟まれました)	104, 105 눈이 오면 좋겠습니다 (雪が降ってほしいです)
ㄴ	67 눈 코 뜰 새가 없다 (目が回るほど忙しい)
101 −ㄴ/는다고 하다 (〜だという、〜だそうだ)	
	91 느낌이 들다 (感じがする)
101 −ㄴ/는다고 합니다=−ㄴ/는답니다 (〜だといいます、〜だそうです)	85 느리다 (遅い)
	24 늑대 (オオカミ)
101 −ㄴ/는다고 해요=−ㄴ/ㄴ대요 (〜だといいます、〜だそうです)	24 늑대 목도리 (オオカミマフラー)
	47 늘다 (増える)
17 나 (私)	47 늘리다 (増やす)
17 나를 (날) (私を)	122 님 (恋人)
96 나무 (木)	164 님 (様)

ㄷ

- 68　다른 사람（他の人）
- 18, 19　단신 부임（単身赴任）
- 147　단팥호빵（あんまん）
- 179　달（月）
- 37　담（塀）
- 37　답（答え）
- 108　당근（人参）
- 18, 19　당신 부인（あなたの夫人）
- 161　대단하세요（すごいですね）
- 70, 71　대만（台湾）
- 70, 71　대망의 여자친구（待望の彼女）
- 75　대상（大賞）
- 15　대학생（大学生）
- 75, 76　대회에서（大会で）
- 50, 51　더（もっと）
- 150　덕수궁 돌담길（徳寿宮石垣道）
- 91　도둑이 들다（泥棒が入る）
- 109　도서관（図書館）
- 145　도시락을 싸다（お弁当を作る）
- 38, 65, 76, 77, 99, 109　돈（お金）
- 91　돈이 들다（お金がかかる）
- 131　돌（石）
- 98, 99　동메달（銅メダル）
- 179　동문회（同窓会）
- 133　동물들（動物たち）
- 179　동물원（動物園）
- 75　동상（銅賞）
- 38　돼지（豚）
- 131, 179　둘（2つ）
- 85　둥（どんと）
- 127　뒤（後）
- 164　드림（拝）
- 63　듣다（聞く）
- 92, 93　들렸어요?（聞こえましたか？）
- 63　들리다（聞こえる）
- 120, 121　들어가세요
  　（さようなら、入ってください）
- 90, 91　들어 주세요（持ってください、持ち上げてください）
- 85　등（背中）
- 99　따다（獲る）
- 61　땀이 나다（汗が出る）
- 98, 99　땄습니다（獲りました）
- 88, 89　땅（地、地面、土地）
- 89　땅덩어리（大陸、国土）
- 121　또 연락 드릴게요
  　（またご連絡いたします）
- 113　또 올게요（また来ますね）
- 25　똥개 훈련（雑種犬の訓練）
- 81　뚱뚱하다（太っている）
- 45　뜨거운 것 같네요
  　（熱いと思いますよ）
- 52　띄어쓰기（分かち書き）

ㄹ

- 115　런던（ロンドン）
- 115　로마（ローマ）
- 85　룰（ルール）
- 85　를（を）

ㅁ

- 91　마음에 들다（気に入る）
- 178　마이동풍（馬耳東風）
- 126, 127　만나요（会います）
- 88, 89　만들었어요（作りました）
- 28, 29　만져 봐도 돼요?
  　（触ってみてもいいですか？）

116, 117　많네요（多いですね）
43, 100, 101, 132, 133
　　많이（たくさん）
43　많이 먹었습니다
　　（十分いただきました）
175　말했어요（しゃべりました）
43　맛있게 먹었습니다
　　（美味しくいただきました）
105　맛있겠다（美味しそう）
77　매를 벌다（ムチを稼ぐ）
45　매운 것 같네요（辛いと思いますよ）
63　먹다（食べる）
46, 47　먹었어요（食べました）
46, 47　먹였어요（食べさせました）
154, 155　먹을 거예요（食べるつもりです）
47　먹이다（食べさせる）
63　먹히다（食べられる）
28, 29　먼저（先に）
113　먼저 갈게요（お先に帰ります）
173　멋으로 쓰는 안경（伊達メガネ）
91　멍이 들다（あざができる）
38　멧돼지（イノシシ）
62, 63　모기（蚊）
17　모닝콜（モーニングコール）
89　모래（砂）
109　모르겠어（分からない）
109　모자（帽子）
33　목걸이（ネックレス）
24　목도리（マフラー）
71　무늬（模様）
108　무릎（膝）
173　무테 안경（縁なしメガネ）
143　문구（文具）
51, 179　물（水）

49, 143　물감（絵の具）
51　물김치（水キムチ）
62, 63　물렸어요（刺されました）
62, 63　물었어요（噛みました）
92, 93　뭐가（何が）
25　미꾸라지（ドジョウ）
37　미음（子音ㅁの名前）
127　밑（下）

ㅂ

12　바다（海）
155　바나나（バナナ）
49　바르다（塗る）
169　바이올린（バイオリン）
127　밖（外）
65　반（半）
33　반지（指輪）
80　반짝반짝（キラキラ）
74, 75　받았어요（もらいました）
108　발（足）
48, 49　발라 먹어요（塗って食べます）
127　발 밑의 점（足の裏のほくろ）
66　발이 넓다（顔が広い）
32, 33　발찌（アンクレット）
65　방（部屋）
108　배（腹）
43　배부르게 먹었습니다
　　（お腹いっぱいいただきました）
108　배추（白菜）
51　배추김치（白菜キムチ）
60, 61
　　배탈이 났어요（お腹を壊しました）
60, 61　배털이 났어요
　　（お腹に毛が生えました）

184

21	백과사전（百科事典）	131	볼（頬）
178	백발백중（百発百中）	117	볼거리（見どころ）
77	버려요（捨てます）	131, 149	봄（春）
76, 77	버렸어요（捨てました）	28, 29	봐도 돼요？（見てもいいですか？）
77	버리다（捨てる）	156, 157	부끄러워요（恥ずかしいです）
108	버섯（きのこ）	157	부끄럽다（恥ずかしい）
114, 115	버스（バス）	156, 157	부러워요（うらやましいです）
49	버터（バター）	157	부럽다（うらやましい）
80	번쩍번쩍（ギラギラ）	147	부리（くちばし）
77	벌다（稼ぐ）	23	부모님（両親）
25	벌떼（ハチの群れ）	35	부부（夫婦）
176, 177	벌레（虫）	108	부엌（台所）
77	벌어요（稼ぎます）	51	부추김치（ニラキムチ）
77	벌었어요（稼ぎました）	149	북（太鼓）
47	벗기다（脱がせる）	147	분（分）
47	벗다（脱ぐ）	131, 147, 149, 179	불（火）
147	벼（稲）	131	붐（ブーム）
64, 65	변에 대해서（大便について）	149	비（雨）
178	별（星）	37	비읍（子音ㅂの名前）
99	별을 따다（星をもぎ取る）	148, 149	비자（ビザ）
99	별을 찍다（星を撮る）	155	비프 스튜（ビーフシチュー）
99	병마개를 따다（瓶の栓を抜く）	118, 119	빌려 주세요（貸してください）
64, 65	병에 대해서（病気について）	119	빌렸어요（借りました）
108	병원（病院）	31	빨간색（赤色）
58, 59	병이 나서（病気になって）	48, 49	빵（パン）
164	보고 싶은（会いたい〜）	63	빼앗기다（奪われる）
63	보다（見る）	63	빼앗다（奪う）
170, 171	보복 연습（報復練習）	147	뼈（骨）
114, 115	보스（ボス）	147	뿌리（根）
155	보신탕（補身湯）	147	뿐（だけ）
51	보쌈김치（白菜の葉で魚介類や栗など包んだキムチ）	147	뿔（角）
63	보이다（見られる、見える）	172, 173	뿔테 안경（角縁メガネ）
149	복（福）		

185

ㅅ

179　사각（四角）
173　사각뿔테 안경（四角い角縁メガネ）
29　사다（買う）
54　사람（人）
133　사람들（人々）
178　사랑（愛）
164　사랑하는（愛する～）
56, 57　사러 가요（買いに行きます）
142, 143　사려고요（買おうと思っています）
178　사방팔방（四方八方）
179　사장（社長）
20, 21　사전（辞典）
144, 145　사 주세요（買ってください）
20, 21, 132, 133　사진（写真）
133　사진을 찍었어요（写真を撮りました）
127　사이（間）
65, 74, 75　산（山）
22, 23　살아요（住んでいます）
37　삼（3）
178　삼삼오오（三三五五）
37　삽（シャベル）
172, 173　샀어요（買いました）
65, 74, 75　상（賞、上）
75　상장（賞状）
75　상품（賞品）
25　새가슴（鳩胸）
143　색종이（色紙）
70, 71　생겼어요（できました）
143　샤프（シャープペンシル）
143　샤프심（シャーペンの芯）
29　서다（立つ）
94　서울（ソウル）
173　선글라스（サングラス）

145　선물을 싸다（プレゼントを包装する）
160, 161, 162, 163　선생님（先生）
87　설탕（砂糖）
100, 101　세일 기간（セール期間）
87　소금（塩）
127　속（中）
100, 101　손님들（お客さん）
67　손을 보다（手入れをする、直す）
67　손이 맵다（手（先）の力が強い）
131　솔（ブラシ）
57　쇼핑하러 가요
　　（ショッピングに行きます）
61　수염이 났어요（ひげが生えました）
143　수정액（修正液）
108　수첩（手帳）
103　숙제（宿題）
131　술（酒）
143　스카치 테이프（セロテープ）
115　스타벅스（スターバックス）
154, 155　스튜（シチュー）
77, 179　시간（時間）
77　시간을 벌다（時間を稼ぐ）
159　시댁（夫の実家）
132, 133　시신（死体）
179　시작（始め）
159　시집（夫の実家）
154, 155　시츄（シーズー）
57　식사（食事）
86, 87　식초（酢）
127　신발 밑창에 붙은 껌
　　（靴の底にくっついているガム）
29　신어 봐도 돼요？（(靴を)履いてみて
　　もいいですか？）
79　실력（実力）

168, 169	실제（実際）	63	안기다（抱かれる）
178	십중팔구（十中八九）	121	안녕（バイバイ）
177	(-가/이) 싫어요（～が嫌いです）	121	안녕히 가세요（(その場から去る人に対して) さようなら）
177	(-를/을) 싫어해요（～が嫌いです）	121	안녕히 계세요（(その場に残る人に対して) さようなら）
86, 87	십 초（10秒）		
45	싱거운 것 같네요 （味が薄いと思いますよ）	63	안다（抱く）
133	스마일（スマイル）	114, 115	안 와요（来ません）
130, 131	스몰요（スモールお願いします）	47	앉다（座る）
130, 131	스몰요（20個お願いします）	175	앉았어요（座りました）
144, 145	싸 주세요（包んでください）	47	앉히다（座らせる）
94	쌀（米）	105	알겠습니다（分かりました）
29	써 봐도 돼요? （かぶってみてもいいですか？）	64, 65	알고 싶은데요（知りたいのですが）
157	쑥스럽다（照れくさい）	109	알았어（分かったよ）
63	쓰다（書く）	143	압정（画鋲）
77	쓰레기（ゴミ）	105	-았/었으면 좋겠다（～したらいいな、 　～してほしい、～したい）
63	쓰이다（書かれる）		
		127, 164	앞（前）
ㅇ		126, 127	앞에서（前で）
168, 169	아기（赤ちゃん）	90, 91	애（子供）
26	아기 때（赤ちゃんのとき）	73	애교가 많네요 （愛嬌がたっぷりですね）
29	아 다르고 어 다르다 （아が違って、어が違う）	147	야채호빵（野菜まん）
35, 64, 65	아들（息子）	56, 57	약（薬）
115	아메리카（アメリカ）	109	양（羊）
127	아래（下）	109, 178	양말（靴下）
127	아랫배（下腹）	141	어느것（어느거）（どれ）
127	아랫사람（目下の人）	141	어느것은（어느건）（どれは）
93	아무것도（何も）	141	어느것이（어느게）（どれが）
174, 175	아이（赤ちゃん）	34, 35	어디에（どこに）
168, 169	악기（楽器）	26	어른（大人）
127	안（中）	94	어서 오세요（ようこそ）
108, 172, 173	안경（眼鏡）	174, 175	어제（昨日）

187

67 얼굴에 철판을 깔다	(右に行ってください)
(厚かましい、ずうずうしい)	51 오이김치（きゅうりキムチ）
147 얼마예요？（いくらですか？）	108 옥상（屋上）
57 엄마 손은 약손이다	100, 101 온다고 합니다（来るそうです）
（お母さんの手は薬の手だ）	164 올림（拝）
47 업다（背負う）	109 옷（服）
47 업히다（背負わせる）	18, 19 왔어요（来ました）
163, 164 －에게（に）	129 왼쪽에 있어요（左にあります）
113 여기서 기다릴게요	128, 129 왼쪽으로 가다가（左に行って）
（ここで待っていますから）	77 용돈을 벌다（小遣いを稼ぐ）
145 여기서 드실 거예요？	59 우리 강아지（うちの子犬）
（ここで召し上がりますか？）	108 우산（傘）
116, 117 여긴（여기는）（ここは）	75 우수상（優秀賞）
61 여드름이 나다（ニキビができる）	100, 101 운다고 합니다（泣くそうです）
34, 35	54 운전（運転）
어디에 있어요（どこにありますか？）	99 운전면허를 따다（運転免許を取る）
24 여우（キツネ）	47 울다（泣く）
24 여우 같다（キツネみたい）	47 울리다（泣かせる）
24 여우 목도리（キツネマフラー）	47 웃기다（笑わす）
151 여의도（汝矣島）	47 웃다（笑う）
70, 71 여자 친구（彼女）	136 웃으면 복이 와요（笑えば福が来る）
56, 57, 109 역（駅）	178 원숭이（猿）
17 연락（連絡）	173 원형뿔테 안경（丸い角縁メガネ）
168, 169 연주해요（演奏します）	127 위（上）
99 열매를 따다（実をもぎ取る）	127 윗배（上腹）
108 열심히（一生懸命に）	127 윗사람（目上の人）
57 영화（映画）	107 유명（有名）
127 옆（横）	107 유명합니다（有名です）
91 예를 들다（例を挙げる）	178 유일무이（唯一無二）
73 예쁘네요（きれいですね）	105 －(으)면 싶다／하다（～したらいい
142, 143 예쁜 자（かわいい定規）	な、～してほしい、～したい）
142, 143 예쁜 차（かわいい車）	105 －(으)면 좋겠다（～したらいいな、
129 오른쪽에 있어요（右にあります）	～してほしい、～したい）
128, 129 오른쪽으로 가세요	99 은메달（銀メダル）

75 은상（銀賞）	89 자갈（砂利）
173 은테 안경（銀縁メガネ）	99 자격을 따다（資格を取る）
71 -의（の）	103 자식 자랑（子供自慢）
71 의사（医者）	29 작다（小さい）
61 이가 났어요（歯が生えました）	121 잘 가（(その場から去る人に対して）さようなら）
141 이것（이거）（これ）	
141 이것은（이건）（これは）	121 잘 가요（(その場から去る人に対して）さようなら）
141 이것이（이게）（これが）	
107 -이다（～だ、～である）	42, 43 잘 먹겠습니다（いただきます）
113 이따 전화 할게요（あとで電話しますね）	43 잘 먹었습니다（ごちそうさまでした）
	16, 17 잘 부탁합니다（よろしくお願いします）
104, 105 이번（今度の）	
106, 107 이상입니다（以上です）	121 잘 있어（(その場に残る人に対して）さようなら）
106, 107 이상합니다（おかしいです）	
35 이 정도 돈이야 껌값이지（これくらいのお金は微々たるものだよ）	121 잘 있어요（(その場に残る人に対して）さようなら）
109 일（仕事）	161 잘했어요（よくできました）
178 일석이조（一石二鳥）	109 잠깐만（ちょっと待って）
178 일확천금（一獲千金）	91 잠자리에 들다（寝床に入る）
107 -입니다（～です）	63 잡다（つかむ）
67 입만 살다（口だけ達者で、実行が伴わない）	63 잡히다（捕まる）
	109 장갑（手袋）
75 입선（入選）	103 장기 자랑（隠し芸自慢）
29 입어 봐도 돼요？（着てみてもいいですか？）	78, 79 장난（いたずら）
	178 장난감（おもちゃ）
67 입이 궁금하다（口がさびしい）	79 장난꾸러기（いたずらっこ、わんぱく）
67 입이 닳도록（口がすっぱくなるくらい）	
	79 장난이 아니다（冗談じゃない、ハンパない）
67 입이 짧다（食べ物の好き嫌いが激しい）	
	78, 79 장난 전화（いたずら電話）
21 입학 사진（入学写真）	79 장난 치지 마（いたずらをするな、ふざけるな）
ㅈ	
143 자（定規）	79 장난 하냐？（ふざけているの？）
	78, 79 장남（長男）

79	장남 전화 (長男の電話)
75	장려상 (奨励賞)
61	재채기가 나다 (くしゃみがでる)
49	잼 (ジャム)
36, 37	저 (あの)
96	저금 (貯金)
154, 155	저녁 (夜)
141	저것 (저거) (あれ)
141	저것은 (저건) (あれは)
141	저것이 (저게) (あれが)
29	적다 (少ない)
17, 156, 157	전 (저는) (私は)
143	전 (チヂミ)
102, 103	전국 노래 자랑 (全国のど自慢)
94	전라도 (全羅道)
17, 78, 79, 103, 113	전화 (電話)
16, 17	절 (저를) (私を)
89	점토 (粘土)
113	제가 할게요 (私がやります)
94	제주도 (済州島)
23	족발 (豚足)
164	존경하는 (尊敬する〜)
36, 37, 44, 45	좀 (少し、ちょっと)
21	졸업 사진 (卒業写真)
143	종 (ベル)
179	종업원 (従業員)
177	(-가/이) 좋아요 (〜が好きです)
177	(-를/을) 좋아해요 (〜が好きです)
134, 135	죄송합니다 (申し訳ございません)
135	죄송스럽습니다 (申し訳ございません)
135	죄송할 따름입니다 (申し訳ございません)
135	죄송할 뿐입니다 (申し訳ございません)
108	주먹 (こぶし)
15	주부 (主婦)
50, 51, 86, 87, 140, 141	주세요 (ください)
103	주소 (住所)
104, 105	죽겠습니다 (死にます)
47	죽다 (死ぬ)
59	죽어요 (死にます)
59	죽었어요 (死にました)
59	죽여요 (殺します)
59	죽였어요 (殺しました)
47, 59	죽이다 (殺す)
47	줄다 (減る)
47	줄이다 (減らす)
143	지우개 (消しゴム)
103	지하철 (地下鉄)
124	직업 (職業)
108	진짜 (本物)
89	진흙 (粘土、泥)
36, 37	짐 (荷物)
145	짐을 싸다 (荷造りをする)
36, 37, 103, 109	집 (家)
44, 45	짠 것 같네요 (塩辛いと思いますよ)
157	쪽팔리다 (恥ずかしい)
44, 45	찌개 (チゲ)
146, 147	찐 밤 (ゆでた栗)
146, 147	찐빵 (あんまん、蒸しパン)

ㅊ

103	차 (車、茶)
91	차를 가지고 있다 (車を所有している)

91	차를 들고 있다 (車を持ちあげている)	169	첼로 (チェロ)
		143	총 (銃)
43	차린 건 없지만 많이 드세요 (たいしたものではありませんが、どうぞたくさん召し上がってください)	51	총각김치 (幼い大根のキムチ)
		75	최우수상 (最優秀賞)
		103	추워요 (寒いです)
43	차린 건 없지만 맛있게 드세요 (たいしたものではありませんが、どうぞ美味しく召し上がってください)	109	축하 (お祝い)
		94	충청도 (忠清道)
		103	취미 (趣味)
54	차 밖 (車の外)	133	치즈 (チーズ)
54	차 안 (車の中)	155	치킨 (チキン)
161	착해요 (いい子ですね)	23, 35, 103, 108, 156, 157 친구 (友達)	
44, 45 찬 것 같네요 (冷たいと思いますよ)		107	친절 (親切)
		107	친절합니다 (親切です)
118, 119	찬장 (食器棚)	158, 159	친정 (結婚した女性の実家)
75	참가상 (参加賞)	178	칠전팔기 (七転八起)
118, 119	찻잔 (ティーカップ)	49	칠하다 (塗る)
178	창문 (窓)		
157	창피하다 (恥ずかしい)	**ㅋ**	
143	책받침 (下敷き)	147	카레호빵 (カレーまん)
179	책방 (本屋)	130, 131	카페오레 (カフェオレ)
127, 179	책상 (机)	81	캄캄하다 (真っ暗だ)
127	책상 밑 (机の下)	143	칼 (カッター)
127	책상 아래 (机の下)	110	컬러 사진 (カラー写真)
179	책자 (冊子)	115	커피 (コーヒー)
179	책장 (本棚)	143	컴퍼스 (コンパス)
14, 15	처 (妻)	67	코가 납작해지다 (面目がつぶれる)
159	처가 (妻の実家)	109	코트 (コート)
159	처갓집 (妻の実家)	173	콘택트 렌즈 (コンタクトレンズ)
103, 174, 175	처음 (初めて)	49	크래용 (クレヨン)
143	천 (生地)	104, 105	크리스마스 때 (クリスマスのとき)
102, 103	천국 (天国)	155	크림 스튜 (クリームシチュー)
108	천천히 (ゆっくり)	137	큭큭 (くすくす)
25	청개구리 (アマガエル)	137	킥킥 (くすくす)
103	청소 (掃除)		

ㅌ

- 151　태권 V (テコン V)
- 38　태몽 (胎夢)
- 115, 119　택시 (タクシー)
- 109　토끼 (ウサギ)
- 25　토끼눈 (ウサギ目)
- 155　토마토 (トマト)
- 99　통조림을 따다 (缶詰をあける)
- 72, 73　통통하네요 (ぽっちゃりですね)
- 73　통통하다 (ぽっちゃりしている)
- 72, 73　통통하네요
　　(ぶくぶく太っていますね)
- 73, 81　통통하다 (ぶくぶく太っている)
- 75　트로피 (トロフィー)
- 100, 101　특히 (特に)
- 92, 93　틀렸어요？ (間違っていますか？)

ㅍ

- 108　파 (ネギ)
- 51　파김치 (ネギキムチ)
- 31　파란색 (青色)
- 63　팔다 (売る)
- 63　팔리다 (売れる)
- 178　팔방미인 (八方美人)
- 32, 33　팔찌 (ブレスレット)
- 115　패스 (パス)
- 107　편리 (便利)
- 107　편리합니다 (便利です)
- 152　편지 (手紙)
- 170, 171　포복 연습 (匍匐練習)
- 149　폭 (幅)
- 149　폼 (フォーム)
- 137　푸하하 (ブハハ)
- 149　푹 (ぐっすり、ぶすっと)
- 149　풀 (草)
- 149　피 (血)
- 169　피아노 (ピアノ)
- 148, 149　피자 (ピザ)
- 147　피자호빵 (ピザまん)
- 143　필통 (筆箱)

ㅎ

- 105　하겠습니다 (やります：意志)
- 133　하나, 둘, 셋 (いち、に、さん)
- 89, 138　하늘 (空)
- 89　하늘과 땅 차이 (天と地の差)
- 89　하늘만큼 땅만큼 (空くらい地くらい)
- 107　–하다 (〜する・〜だ)
- 31　하얀색 (白色)
- 61　하품이 나다 (あくびがでる)
- 137　하하 (はは)
- 109　학교 (学校)
- 77　학비를 벌다 (学費を稼ぐ)
- 107　학생이다 (学生だ)
- 107　학생입니다 (学生です)
- 143　학용품 (学用品)
- 126, 127　학장실 (学長室)
- 99　학점을 따다 (単位を取る)
- 146, 147　한 개 (1個)
- 68　한 사람 (1人)
- 57　한잔 하러 가요
　　(一杯飲みに行きます)
- 113　할게요 (やります：約束、誓い)
- 178　할아버지 (おじいさん)
- 107　–합니다 (〜します)
- 115　햄 (ハム)
- 136　행복해서 웃는 게 아니라 웃어서 행복한 것이다 (幸せだから笑うのではな

	く、笑うから幸せになる）	71	회의（会議）
137	허허（はっはっ）	157	횡단보도에서 넘어져서 창피하다
137	헤헤（へへ）		（横断歩道で転んで恥ずかしい）
61	현기증이 나다（目まいがする）	110	흑백（白黒）
143	형광펜（蛍光ペン）	88, 89	흙（土、土壌）
25, 109, 178	호랑이（トラ）	89	흙먼지（土ぼこり）
25	호랑이 선생님（トラ先生）	88, 89	흙으로（土で）
147	호빵（あんまん、蒸しパン）	89	흙장난（泥んこ遊び）
143	호치키스（ホッチキス）	89	흙탕물（泥水）
137	호호（オホホ）	178	희노애락（喜怒哀楽）
108, 126, 127	화장실（トイレ）	71, 77	희망（希望）
49	화장품（化粧品）	137	히히（ひひ）
14, 15	회사원（会社員）		

"まちがいや、かんちがいから学ぶ韓国語"
韓国語学習者は かんちがいの達人!?

著者紹介
金珉秀（キム　ミンス）
韓国ソウル生まれ。
韓国　徳成女子大学　日語日文学科卒業。
筑波大学大学院　文芸・言語研究科博士課程修了。
言語学博士。専門は日韓対照言語学、意味論。
韓国政府　文化体育観光部　発行「韓国語教員資格」取得。
　　　　　教育科学技術部　発行「中等学校正教師（日本語）資格」取得。
現在、国際基督教大学（ICU）、国士舘大学、筑波学院大学、駐日韓国文化院世宗学堂
韓国語講師。

著書
『間違いだっておもしろい！わらってわらって韓国語』（2007）駿河台出版社
『聴くだけのらくらく！カンタン韓国語－旅行会話編－』（2008）駿河台出版社
『韓国語能力試験初級［1級・2級］対策単語集』（2009）駿河台出版社
『もぐもぐモゴヨ：日本語から覚えるカンタン韓国語』（2010）駿河台出版社
『韓国語能力試験中級［3級・4級］対策単語集』（2011）駿河台出版社
『耳にスイスイこれで完璧！韓国語の発音マスターノート』（2012）駿河台出版社

発行者・発行所
井田洋二
株式会社　駿河台出版社
〒101-062　東京都千代田区神田駿河台 3-7
TEL 03(3291)1676（代）FAX 03(3291)1675
http://www.e-surugadai.com

カバー・本文デザイン　ヨム　ソネ
イラスト　ヨム　ソネ

組版　フォレスト
製版・印刷　三友印刷（株）
2013年8月1日　初版第1刷発行

＊価格はカバーに表示しております。
　許可なしに転載、複製することを禁じます。
　落丁本、乱丁本はお取り替えいたします。
©KIM MINSOO 2013 Printed in Japan
ISBN978-4-411-03085-6 C1087